Klaus Wagner

Die
Spanische
Konjugation

KOMPAKT

dnf-Verlag

Die Spanische Konjugation Kompakt

von
Klaus Wagner

unter Leitung der
Verlagsredaktion Neue Sprachen, dnf-Verlag Das Neue Fachbuch GmbH.

ISBN 3-931104-74-5

1. Auflage 10 96

Druck: Druckerei Roth, Owen/Teck
Printed in Germany.

Inhaltsverzeichnis

Abkürzungen

afirm.	afirmativo	Pers.	Person	
		P. I.	pretérito indefinido	
		Plur.	Plural	
bzw.	beziehungsweise	P. P.	pretérito perfecto	
		Pres.	presente	
		pret. indef.	pretérito indefinido	
Con.	condicional			
C. P.	condicional perfecto			
		r.	reflexiv(es Verb)	
etc.	etcetera			
		Sing.	Singular	
		Sub.	subjuntivo	
d.h.	das heißt			
		wd.	wieder	
F. P.	futuro perfecto			
Fut.	futuro			
		z.B.	zum Beispiel	
		zs.	zusammen	
Ger.	gerundio	zur.	zurück	
im.	impersonal			
Imp.	imperativo			
Imperf.	pretérito imperfecto			
Ind.	indicativo			
Inf.	infinitivo			
Mod.	Modus			
negat.	negativo			
P. A.	pretérito anterior			
Part.	participio			
P. C.	pretérito pluscuamperfecto			
Perf.	perfecto			

Die Konjugation der **Hilfsverben**

1 Die Konjugation von *ser* (sein)

Mod.	Zeit	1. Person Singular		2. Person Singular		3. Person Singular	
Ind.	Pres.	**soy**		**eres**		**es**	
	Imperf.	**era**		**eras**		**era**	
	P. I.	**fui**		**fuiste**		**fue**	
	P. P.	*he*	*sido*	*has*	*sido*	*ha*	*sido*
	P. C.	*había*	*sido*	*habías*	*sido*	*había*	*sido*
	P. A.	*hube*	*sido*	*hubiste*	*sido*	*hubo*	*sido*
	Fut.	**seré**		**serás**		**será**	
	F. P.	*habré*	*sido*	*habrás*	*sido*	*habrá*	*sido*
Con.	Con.	**sería**		**serías**		**sería**	
	C. P.	*habría*	*sido*	*habrías*	*sido*	*habría*	*sido*
Sub.	Pres.	**sea**		**seas**		**sea**	
	Imperf.	**fuera**		**fueras**		**fuera**	
		fuese		**fueses**		**fuese**	
	P. P.	*haya*	*sido*	*hayas*	*sido*	*haya*	*sido*
	P. C.	*hubiera*	*sido*	*hubieras*	*sido*	*hubiera*	*sido*
		hubiese	*sido*	*hubieses*	*sido*	*hubiese*	*sido*
	Fut.	**fuere**		**fueres**		**fuere**	
	F. P.	*hubiere*	*sido*	*hubieres*	*sido*	*hubiere*	*sido*
Imp.	afirm.			**sé**		**sea**	
	negat.			no	**seas**	no	**sea**
Inf.	Pres.	*ser*					
	Perf.	*haber*	*sido*				
Part.		*sido*					
Ger.	Pres.	*siendo*					
	Perf.	*habiendo*	*sido*				

1. Person Plural		2. Person Plural		3. Person Plural	
somos		**sois**		**son**	
éramos		**erais**		**eran**	
fuimos		**fuisteis**		**fueron**	
hemos	*sido*	*habéis*	*sido*	*han*	*sido*
habíamos	*sido*	*habíais*	*sido*	*habían*	*sido*
hubimos	*sido*	*hubisteis*	*sido*	*hubieron*	*sido*
seremos		*seréis*		*serán*	
habremos	*sido*	*habréis*	*sido*	*habrán*	*sido*
seríamos		*seríais*		*serían*	
habríamos	*sido*	*habríais*	*sido*	*habrían*	*sido*
seamos		**seáis**		**sean**	
fuéramos		**fuerais**		**fueran**	
fuésemos		**fueseis**		**fuesen**	
hayamos	*sido*	*hayáis*	*sido*	*hayan*	*sido*
hubiéramos	*sido*	*hubierais*	*sido*	*hubieran*	*sido*
hubiésemos	*sido*	*hubieseis*	*sido*	*hubiesen*	*sido*
fuéremos		**fuereis**		**fueren**	
hubiéremos	*sido*	*hubiereis*	*sido*	*hubieren*	*sido*
seamos		**sed**		**sean**	
no	**seamos**	no	**seáis**	no	**sean**

2 Die Konjugation von est*ar* (sein)

Mod.	Zeit	1. Person Singular	2. Person Singular		3. Person Singular
Ind.	Pres.	estoy	estás		está
	Imperf.	est*aba*	est*abas*		est*aba*
	P. I.	estuve	estuviste		estuvo
	Fut.	estar*é*	estar*ás*		estar*á*
Con.	Con.	estar*ía*	estar*ías*		estar*ía*
Sub.	Pres.	esté	estés		esté
	Imperf.	estuviera	estuvieras		estuviera
		estuviese	estuvieses		estuviese
	Fut.	estuviere	estuvieres		estuviere
Imp.	afirm.		está		esté
	negat.		no estés	no	esté

Inf. Pres.: est*ar*   Inf. Perf.: *haber* est*ado*   Part.: est*ado*

3 Die Konjugation von hab*er* (haben)

Mod.	Zeit	1. Person Singular	2. Person Singular		3. Person Singular
Ind.	Pres.	he	has		ha (hay)
	Imperf.	hab*ía*	hab*ías*		hab*ía*
	P. I.	hube	hubiste		hubo
	Fut.	habr*é*	habr*ás*		habr*á*
Con.	Con.	habr*ía*	habr*ías*		habr*ía*
Sub.	Pres.	haya	hayas		haya
	Imperf.	hubiera	hubieras		hubiera
		hubiese	hubieses		hubiese
	Fut.	hubiere	hubieres		hubiere
Imp.	afirm.		he		haya
	negat.		no hayas	no	haya

Inf. Pres.: hab*er*   Inf. Perf.: *haber* hab*ido*   Part.: hab*ido*

Als Hilfsverb dient **haber** zur Bildung der zusammengesetzten Zeiten aller Verben. Als Voll
cher Bedeutung verwendet. In der Bedeutung *haben, besitzen* wird als Vollverb **tener** verwer
deutung *es gibt*.

1. Person Plural	2. Person Plural	3. Person Plural
estamos	estáis	están
estábamos	estabais	estaban
estuvimos	estuvisteis	estuvieron
estaremos	estaréis	estarán
estaríamos	estaríais	estarían
estemos	estéis	estén
estuviéramos	estuvierais	estuvieran
estuviésemos	estuvieseis	estuviesen
estuviéremos	estuviereis	estuvieren
estemos	estad	estén
no estemos	no estéis	no estén
Ger. Pres.: estando		Ger. Perf.: habiendo estado

1. Person Plural	2. Person Plural	3. Person Plural
hemos	habéis	han
habíamos	habíais	habían
hubimos	hubisteis	hubieron
habremos	habréis	habrán
habríamos	habríais	habrían
hayamos	hayáis	hayan
hubiéramos	hubierais	hubieran
hubiésemos	hubieseis	hubiesen
hubiéremos	hubiereis	hubieren
hayamos	habed	hayan
no hayamos	no hayáis	no hayan
Ger. Pres.: habiendo		Ger. Perf.: habiendo habido

verb wird es in den zusammengesetzten Zeiten nur in der 3. Person Singular in unpersönlidet (**he tenido un libro** (ich habe ein Buch gehabt)). **Hay** ist die unpersönliche Verbform mit der Be-

9

Die Konjugation der Verben auf **-AR**

4 Die Konjugation der Verben auf -AR

Mod.	Zeit	1. Person Singular	2. Person Singular	3. Person Singular
Ind.	Pres.	am*o*	am*as*	am*a*
	Imperf.	am*aba*	am*abas*	am*aba*
	P. I.	am*é*	am*aste*	am*ó*
	Fut.	am*aré*	am*arás*	am*ará*
Con.	Con.	am*aría*	am*arías*	am*aría*
Sub.	Pres.	am*e*	am*es*	am*e*
	Imperf.	am*ara*	am*aras*	am*ara*
		am*ase*	am*ases*	am*ase*
	Fut.	am*are*	am*ares*	am*are*
Imp.	afirm.		am*a*	am*e*
	negat.	no am*es*	no am*e*	

Inf. Pres.: am*ar*   Inf. Perf.: *haber* am*ado*   Part.: am*ado*

5 Die Konjugation der Verben auf -c*ar*

Mod.	Zeit	1. Person Singular	2. Person Singular	3. Person Singular
Ind.	Pres.	busc*o*	busc*as*	busc*a*
	Imperf.	busc*aba*	busc*abas*	busc*aba*
	P. I.	busq*ué*	busc*aste*	busc*ó*
	Fut.	busc*aré*	busc*arás*	busc*ará*
Con.	Con.	busc*aría*	busc*arías*	busc*aría*
Sub.	Pres.	busq*ue*	busq*ues*	busq*ue*
	Imperf.	busc*ara*	busc*aras*	busc*ara*
		busc*ase*	busc*ases*	busc*ase*
	Fut.	busc*are*	busc*ares*	busc*are*
Imp.	afirm.		busc*a*	busq*ue*
	negat.	no busq*ues*	no busq*ue*	

Inf. Pres.: busc*ar*   Inf. Perf.: *haber* busc*ado*   Part.: busc*ado*

1. Person Plural	2. Person Plural	3. Person Plural
am*amos*	am*áis*	am*an*
am*ábamos*	am*abais*	am*aban*
am*amos*	am*asteis*	am*aron*
am*aremos*	am*aréis*	am*arán*
am*aríamos*	am*aríais*	am*arían*
am*emos*	am*éis*	am*en*
am*áramos*	am*arais*	am*aran*
am*ásemos*	am*aseis*	am*asen*
am*áremos*	am*areis*	am*aren*
am*emos*	am*ad*	am*en*
no am*emos*	no am*éis*	no am*en*
Ger. Pres.: am*ando*		Ger. Perf.: *habiendo* am*ado*

-c → -qu

1. Person Plural	2. Person Plural	3. Person Plural
busc*amos*	busc*áis*	busc*an*
busc*ábamos*	busc*abais*	busc*aban*
busc*amos*	busc*asteis*	busc*aron*
busc*aremos*	busc*aréis*	busc*arán*
busc*aríamos*	busc*aríais*	busc*arían*
busqu*emos*	busqu*éis*	busqu*en*
busc*áramos*	busc*arais*	busc*aran*
busc*ásemos*	busc*aseis*	busc*asen*
busc*áremos*	busc*areis*	busc*aren*
busqu*emos*	busc*ad*	busqu*en*
no busqu*emos*	no busqu*éis*	no busqu*en*
Ger. Pres.: busc*ando*		Ger. Perf.: *habiendo* busc*ado*

6 Die Konjugation der Verben auf -gar

Mod.	Zeit	1. Person Singular	2. Person Singular		3. Person Singular	
Ind.	Pres.	pago	pagas		paga	
	Imperf.	pagaba	pagabas		pagaba	
	P. I.	pagué	pagaste		pagó	
	Fut.	pagaré	pagarás		pagará	
Con.	Con.	pagaría	pagarías		pagaría	
Sub.	Pres.	pague	pagues		pague	
	Imperf.	pagara pagase	pagaras pagases		pagara pagase	
	Fut.	pagare	pagares		pagare	
Imp.	afirm.		paga		pague	
	negat.		no	pagues	no	pague

Inf. Pres.: pagar   Inf. Perf.: *haber* pagado   Part.: pagado

7 Die Konjugation der Verben auf -guar

Mod.	Zeit	1. Person Singular	2. Person Singular		3. Person Singular	
Ind.	Pres.	fraguo	fraguas		fragua	
	Imperf.	fraguaba	fraguabas		fraguaba	
	P. I.	fragüé	fraguaste		fraguó	
	Fut.	fraguaré	fraguarás		fraguará	
Con.	Con.	fraguaría	fraguarías		fraguaría	
Sub.	Pres.	fragüe	fragües		fragüe	
	Imperf.	fraguara fraguase	fraguaras fraguases		fraguara fraguase	
	Fut.	fraguare	fraguares		fraguare	
Imp.	afirm.		fragua		fragüe	
	negat.		no	fragües	no	fragüe

Inf. Pres.: fraguar   Inf. Perf.: *haber* fraguado   Part.: fraguado

Die Konjugation der Verben auf -gar; -guar

1. Person Plural	2. Person Plural	3. Person Plural
pag*amos*	pag*áis*	pag*an*
pag*ábamos*	pag*abais*	pag*aban*
pag*amos*	pag*asteis*	pag*aron*
pag*aremos*	pag*aréis*	pag*arán*
pag*aríamos*	pag*aríais*	pag*arían*
pag**u***emos*	pag**u***éis*	pag**u***en*
pag*áramos*	pag*arais*	pag*aran*
pag*ásemos*	pag*aseis*	pag*asen*
pag*áremos*	pag*areis*	pag*aren*
pag**u***emos*	pag*ad*	pag**u***en*
no pag**u***emos*	no pag**u***éis*	no pag**u***en*

Ger. Pres.: pag*ando*   Ger. Perf.: *habiendo* pag*ado*

1. Person Plural	2. Person Plural	3. Person Plural
fragu*amos*	fragu*áis*	fragu*an*
fragu*ábamos*	fragu*abais*	fragu*aban*
fragu*amos*	fragu*asteis*	fragu*aron*
fragu*aremos*	fragu*aréis*	fragu*arán*
fragu*aríamos*	fragu*aríais*	fragu*arían*
frag**ü***emos*	frag**ü***éis*	frag**ü***en*
fragu*áramos*	fragu*arais*	fragu*aran*
fragu*ásemos*	fragu*aseis*	fragu*asen*
fragu*áremos*	fragu*areis*	fragu*aren*
frag**ü***emos*	fragu*ad*	frag**ü***en*
no frag**ü***emos*	no frag**ü***éis*	no frag**ü***en*

Ger. Pres.: fragu*ando*   Ger. Perf.: *habiendo* fragu*ado*

8 Die Konjugation der Verben auf -zar

Mod.	Zeit	1. Person Singular	2. Person Singular	3. Person Singular
Ind.	Pres.	cruzo	cruzas	cruza
	Imperf.	cruzaba	cruzabas	cruzaba
	P. I.	crucé	cruzaste	cruzó
	Fut.	cruzaré	cruzarás	cruzará
Con.	Con.	cruzaría	cruzarías	cruzaría
Sub.	Pres.	cruce	cruces	cruce
	Imperf.	cruzara	cruzaras	cruzara
		cruzase	cruzases	cruzase
	Fut.	cruzare	cruzares	cruzare
Imp.	afirm.		cruza	cruce
	negat.		no cruces	no cruce

Inf. Pres.: cruzar   Inf. Perf.: haber cruzado   Part.: cruzado

9 Die Konjugation der Verben mit betontem -e in der Stammsilbe

Mod.	Zeit	1. Person Singular	2. Person Singular	3. Person Singular
Ind.	Pres.	pienso	piensas	piensa
	Imperf.	pensaba	pensabas	pensaba
	P. I.	pensé	pensaste	pensó
	Fut.	pensaré	pensarás	pensará
Con.	Con.	pensaría	pensarías	pensaría
Sub.	Pres.	piense	pienses	piense
	Imperf.	pensara	pensaras	pensara
		pensase	pensases	pensase
	Fut.	pensare	pensares	pensare
Imp.	afirm.		piensa	piense
	negat.		no pienses	no piense

Inf. Pres.: pensar   Inf. Perf.: haber pensado   Part.: pensado

Die Konjugation der Verben auf -zar; mit betontem -e in der Stammsilbe

		-z → -c

1. Person Plural	2. Person Plural	3. Person Plural
cruzamos	cruzáis	cruzan
cruzábamos	cruzabais	cruzaban
cruzamos	cruzasteis	cruzaron
cruzaremos	cruzaréis	cruzarán
cruzaríamos	cruzaríais	cruzarían
crucemos	crucéis	crucen
cruzáramos	cruzarais	cruzaran
cruzásemos	cruzaseis	cruzasen
cruzáremos	cruzareis	cruzaren
crucemos	cruzad	crucen
no crucemos	no crucéis	no crucen

Ger. Pres.: cruzando	Ger. Perf.: habiendo cruzado

		-e → -ie

1. Person Plural	2. Person Plural	3. Person Plural
pensamos	pensáis	piensan
pensábamos	pensabais	pensaban
pensamos	pensasteis	pensaron
pensaremos	pensaréis	pensarán
pensaríamos	pensaríais	pensarían
pensemos	penséis	piensen
pensáramos	pensarais	pensaran
pensásemos	pensaseis	pensasen
pensáremos	pensareis	pensaren
pensemos	pensad	piensen
no pensemos	no penséis	no piensen

Ger. Pres.: pensando	Ger. Perf.: habiendo pensado

17

10 Die Konjugation der Verben mit betontem -o in der Stammsilbe

Mod.	Zeit	1. Person Singular	2. Person Singular	3. Person Singular
Ind.	Pres.	muestro	muestras	muestra
	Imperf.	mostraba	mostrabas	mostraba
	P. I.	mostré	mostraste	mostró
	Fut.	mostraré	mostrarás	mostrará
Con.	Con.	mostraría	mostrarías	mostraría
Sub.	Pres.	muestre	muestres	muestre
	Imperf.	mostrara	mostraras	mostrara
		mostrase	mostrases	mostrase
	Fut.	mostrare	mostrares	mostrare
Imp.	afirm.		muestra	muestre
	negat.	no	muestres	no muestre

Inf. Pres.: mostrar   Inf. Perf.: *haber* mostrado   Part.: mostrado

11 Die Konjugation der Verben mit betontem -o in der Stammsilbe

Mod.	Zeit	1. Person Singular	2. Person Singular	3. Person Singular
Ind.	Pres.	agüero	agüeras	agüera
	Imperf.	agoraba	agorabas	agoraba
	P. I.	agoré	agoraste	agoró
	Fut.	agoraré	agorarás	agorará
Con.	Con.	agoraría	agorarías	agoraría
Sub.	Pres.	agüere	agüeres	agüere
	Imperf.	agorara	agoraras	agorara
		agorase	agorases	agorase
	Fut.	agorare	agorares	agorare
Imp.	afirm.		agüera	agüere
	negat.	no	agüeres	no agüere

Inf. Pres.: agorar   Inf. Perf.: *haber* agorado   Part.: agorado

Die Konjugation der Verben mit betontem -o in der Stammsilbe

			-o → -ue

1. Person Plural	2. Person Plural	3. Person Plural
mostramos	mostráis	muestran
mostrábamos	mostrabais	mostraban
mostramos	mostrasteis	mostraron
mostraremos	mostraréis	mostrarán
mostraríamos	mostraríais	mostrarían
mostremos	mostréis	muestren
mostráramos	mostrarais	mostraran
mostrásemos	mostraseis	mostrasen
mostráremos	mostrareis	mostraren
mostremos	mostrad	muestren
no mostremos	no mostréis	no muestren

Ger. Pres.: mostrando	Ger. Perf.: habiendo mostrado

			-o → -üe

1. Person Plural	2. Person Plural	3. Person Plural
agoramos	agoráis	agüeran
agorábamos	agorabais	agoraban
agoramos	agorasteis	agoraron
agoraremos	agoraréis	agorarán
agoraríamos	agoraríais	agorarían
agoremos	agoréis	agüeren
agoráramos	agorarais	agoraran
agorásemos	agoraseis	agorasen
agoráremos	agorareis	agoraren
agoremos	agorad	agüeren
no agoremos	no agoréis	no agüeren

Ger. Pres.: agorando	Ger. Perf.: habiendo agorado

12 Die Konjugation der Verben auf -i*ar*

Mod.	Zeit	1. Person Singular	2. Person Singular	3. Person Singular
Ind.	Pres.	crío	crías	cría
	Imperf.	criaba	criabas	criaba
	P. I.	crié	criaste	crió
	Fut.	criaré	criarás	criará
Con.	Con.	criaría	criarías	criaría
Sub.	Pres.	críe	críes	críe
	Imperf.	criara / criase	criaras / criases	criara / criase
	Fut.	criare	criares	criare
Imp.	afirm.		cría	críe
	negat.	no	críes	no críe

Inf. Pres.: criar Inf. Perf.: *haber* criado Part.: criado

13 Die Konjugation der Verben auf -u*ar*

Mod.	Zeit	1. Person Singular	2. Person Singular	3. Person Singular
Ind.	Pres.	continúo	continúas	continúa
	Imperf.	continuaba	continuabas	continuaba
	P. I.	continué	continuaste	continuó
	Fut.	continuaré	continuarás	continuará
Con.	Con.	continuaría	continuarías	continuaría
Sub.	Pres.	continúe	continúes	continúe
	Imperf.	continuara / continuase	continuaras / continuases	continuara / continuase
	Fut.	continuare	continuares	continuare
Imp.	afirm.		continúa	continúe
	negat.	no	continúes	no continúe

Inf. Pres.: continuar Inf. Perf.: *haber* continuado Part.: continuado

-i → -í

1. Person Plural	2. Person Plural	3. Person Plural
cri*amos*	cri*áis*	cr*í*an
cri*ábamos*	cri*abais*	cri*aban*
cri*amos*	cri*asteis*	cri*aron*
cri*aremos*	cri*aréis*	cri*arán*
cri*aríamos*	cri*aríais*	cri*arían*
cri*emos*	cri*éis*	cr*íen*
cri*áramos*	cri*arais*	cri*aran*
cri*ásemos*	cri*aseis*	cri*asen*
cri*áremos*	cri*areis*	cri*aren*
cri*emos*	cri*ad*	cr*íen*
no cri*emos*	no cri*éis*	no cr*íen*

Ger. Pres.: cri*ando*   Ger. Perf.: *habiendo* cri*ado*

-u → -ú

1. Person Plural	2. Person Plural	3. Person Plural
continu*amos*	continu*áis*	contin*ú*an
continu*ábamos*	continu*abais*	continu*aban*
continu*amos*	continu*asteis*	continu*aron*
continu*aremos*	continu*aréis*	continu*arán*
continu*aríamos*	continu*aríais*	continu*arían*
continu*emos*	continu*éis*	contin*úen*
continu*áramos*	continu*arais*	continu*aran*
continu*ásemos*	continu*aseis*	continu*asen*
continu*áremos*	continu*areis*	continu*aren*
continu*emos*	continu*ad*	contin*úen*
no continu*emos*	no continu*éis*	no contin*úen*

Ger. Pres.: continu*ando*   Ger. Perf.: *habiendo* continu*ado*

14 Die Konjugation der Verben auf -ug*ar*

Mod.	Zeit	1. Person Singular	2. Person Singular	3. Person Singular
Ind.	Pres.	jue*go*	jue*gas*	jue*ga*
	Imperf.	jug*aba*	jug*abas*	jug*aba*
	P. I.	jug*ué*	jug*aste*	jug*ó*
	Fut.	jug*aré*	jug*arás*	jug*ará*
Con.	Con.	jug*aría*	jug*arías*	jug*aría*
Sub.	Pres.	jue*gue*	jue*gues*	jue*gue*
	Imperf.	jug*ara* jug*ase*	jug*aras* jug*ases*	jug*ara* jug*ase*
	Fut.	jug*are*	jug*ares*	jug*are*
Imp.	afirm.		jue*ga*	jue*gue*
	negat.	no	jue*gues*	no jue*gue*

Inf. Pres.: jug*ar*   Inf. Perf.: *haber* jug*ado*   Part.: jug*ado*

15 Die Konjugation der Verben mit betontem Anfangs-e

Mod.	Zeit	1. Person Singular	2. Person Singular	3. Person Singular
Ind.	Pres.	**yerro**	**yerr**as	**yerr**a
	Imperf.	err*aba*	err*abas*	err*aba*
	P. I.	err*é*	err*aste*	err*ó*
	Fut.	err*aré*	err*arás*	err*ará*
Con.	Con.	err*aría*	err*arías*	err*aría*
Sub.	Pres.	**yerre**	**yerr**es	**yerr**e
	Imperf.	err*ara* err*ase*	err*aras* err*ases*	err*ara* err*ase*
	Fut.	err*are*	err*ares*	err*are*
Imp.	afirm.		**yerr**a	**yerr**e
	negat.	no	**yerr**es	no **yerr**e

Inf. Pres.: err*ar*   Inf. Perf.: *haber* err*ado*   Part.: err*ado*

Die Konjugation der Verben auf -ugar; mit betontem Anfangs-*e*

	-u → -ue	-g → -gu

1. Person Plural	2. Person Plural	3. Person Plural
jug*amos*	jug*áis*	jueg*an*
jug*ábamos*	jug*abais*	jug*aban*
jug*amos*	jug*asteis*	jug*aron*
jug*aremos*	jug*aréis*	jug*arán*
jug*aríamos*	jug*aríais*	jug*arían*
jugu*emos*	jugu*éis*	juegu*en*
jug*áramos*	jug*arais*	jug*aran*
jug*ásemos*	jug*aseis*	jug*asen*
jug*áremos*	jug*areis*	jug*aren*
jugu*emos*	jug*ad*	juegu*en*
no jugu*emos*	no jugu*éis*	no juegu*en*
Ger. Pres.: jug*ando*		Ger. Perf.: *habiendo* jug*ado*

		e- → ye-

1. Person Plural	2. Person Plural	3. Person Plural
err*amos*	err*áis*	yerr*an*
err*ábamos*	err*abais*	err*aban*
err*amos*	err*asteis*	err*aron*
err*aremos*	err*aréis*	err*arán*
err*aríamos*	err*aríais*	err*arían*
err*emos*	err*éis*	yerr*en*
err*áramos*	err*arais*	err*aran*
err*ásemos*	err*aseis*	err*asen*
err*áremos*	err*areis*	err*aren*
err*emos*	err*ad*	yerr*en*
no err*emos*	no err*éis*	no yerr*en*
Ger. Pres.: err*ando*		Ger. Perf.: *habiendo* err*ado*

16 Die Konjugation von and*ar* (gehen)

Mod.	Zeit	1. Person Singular	2. Person Singular	3. Person Singular
Ind.	Pres.	and*o*	and*as*	and*a*
	Imperf.	and*aba*	and*abas*	and*aba*
	P. I.	**anduve**	**anduviste**	**anduvo**
	Fut.	and*aré*	and*arás*	and*ará*
Con.	Con.	and*aría*	and*arías*	and*aría*
Sub.	Pres.	and*e*	and*es*	and*e*
	Imperf.	**anduviera** **anduviese**	**anduvieras** **anduvieses**	**anduviera** **anduviese**
	Fut.	**anduviere**	**anduvieres**	**anduviere**
Imp.	afirm.		and*a*	and*e*
	negat.		no and*es*	no and*e*

Inf. Pres.: and*ar*   Inf. Perf.: *haber* and*ado*   Part.: and*ado*

17 Die Konjugation von d*ar* (geben)

Mod.	Zeit	1. Person Singular	2. Person Singular	3. Person Singular
Ind.	Pres.	**doy**	d*as*	d*a*
	Imperf.	d*aba*	d*abas*	d*aba*
	P. I.	**di**	**diste**	**dio**
	Fut.	d*aré*	d*arás*	d*ará*
Con.	Con.	d*aría*	d*arías*	d*aría*
Sub.	Pres.	**dé**	d*es*	**dé**
	Imperf.	**diera** **diese**	**dieras** **dieses**	**diera** **diese**
	Fut.	**diere**	**dieres**	**diere**
Imp.	afirm.		d*a*	**dé**
	negat.		no d*es*	no **dé**

Inf. Pres.: d*ar*   Inf. Perf.: *haber* d*ado*   Part.: d*ado*

Die Konjugation der Verben von and*ar*; d*ar*

1. Person Plural		2. Person Plural		3. Person Plural
and*amos*		and*áis*		and*an*
and*ábamos*		and*abais*		and*aban*
and**uvimos**		and**uvisteis**		and**uvieron**
and*aremos*		and*aréis*		and*arán*
and*aríamos*		and*aríais*		and*arían*
and**emos**		and*éis*		and**en**
and**uviéramos**		and**uvierais**		and**uvieran**
and**uviésemos**		and**uvieseis**		and**uviesen**
and**uviéremos**		and**uviereis**		and**uvieren**
and*emos*		and*ad*		and*en*
no	and*emos*	no	and*éis*	no	and*en*
Ger. Pres.: and*ando*			Ger. Perf.: *habiendo* and*ado*	

1. Person Plural		2. Person Plural		3. Person Plural
d*amos*		d**ais**		d**an**
d*ábamos*		d*abais*		d*aban*
d**imos**		d**isteis**		d**ieron**
d*aremos*		d*aréis*		d*arán*
d*aríamos*		d*aríais*		d*arían*
d**emos**		d**eis**		d**en**
d**iéramos**		d**ierais**		d**ieran**
d**iésemos**		d**ieseis**		d**iesen**
d**iéremos**		d**iereis**		d**ieren**
d*emos*		d**ad**		d*en*
no	d*emos*	no	d**eis**	no	d*en*
Ger. Pres.: d*ando*			Ger. Perf.: *habiendo* d*ado*	

25

Die Konjugation der Verben auf **-ER**

18 Die Konjugation der Verben auf -ER

Mod.	Zeit	1. Person Singular	2. Person Singular	3. Person Singular
Ind.	Pres.	bebo	bebes	bebe
	Imperf.	bebía	bebías	bebía
	P. I.	bebí	bebiste	bebió
	Fut.	beberé	beberás	beberá
Con.	Con.	bebería	beberías	bebería
Sub.	Pres.	beba	bebas	beba
	Imperf.	bebiera / bebiese	bebieras / bebieses	bebiera / bebiese
	Fut.	bebiere	bebieres	bebiere
Imp.	afirm.		bebe	beba
	negat.		no bebas	no beba

Inf. Pres.: beber   Inf. Perf.: *haber* bebido   Part.: bebido

19 Die Konjugation der Verben auf -cer

Mod.	Zeit	1. Person Singular	2. Person Singular	3. Person Singular
Ind.	Pres.	venzo	vences	vence
	Imperf.	vencía	vencías	vencía
	P. I.	vencí	venciste	venció
	Fut.	venceré	vencerás	vencerá
Con.	Con.	vencería	vencerías	vencería
Sub.	Pres.	venza	venzas	venza
	Imperf.	venciera / venciese	vencieras / vencieses	venciera / venciese
	Fut.	venciere	vencieres	venciere
Imp.	afirm.		vence	venza
	negat.		no venzas	no venza

Inf. Pres.: vencer   Inf. Perf.: *haber* vencido   Part.: vencido

1. Person Plural		2. Person Plural		3. Person Plural
beb*emos*		beb*éis*		beb*en*
beb*íamos*		beb*íais*		beb*ían*
beb*imos*		beb*isteis*		beb*ieron*
beb*eremos*		beb*eréis*		beb*erán*
beb*eríamos*		beb*eríais*		beb*erían*
beb*amos*		beb*áis*		beb*an*
beb*iéramos*		beb*ierais*		beb*ieran*
beb*iésemos*		beb*ieseis*		beb*iesen*
beb*iéremos*		beb*iereis*		beb*ieren*
beb*amos*		beb*ed*		beb*an*
no	beb*amos*	no	beb*áis*	no	beb*an*

Ger. Pres.: beb*iendo* **Ger. Perf.:** *habiendo* beb*ido*

-c → -z

1. Person Plural		2. Person Plural		3. Person Plural
venc*emos*		venc*éis*		venc*en*
venc*íamos*		venc*íais*		venc*ían*
venc*imos*		venc*isteis*		venc*ieron*
venc*eremos*		venc*eréis*		venc*erán*
venc*eríamos*		venc*eríais*		venc*erían*
ven*zamos*		ven*záis*		ven*zan*
venc*iéramos*		venc*ierais*		venc*ieran*
venc*iésemos*		venc*ieseis*		venc*iesen*
venc*iéremos*		venc*iereis*		venc*ieren*
ven*zamos*		venc*ed*		ven*zan*
no	ven*zamos*	no	ven*záis*	no	ven*zan*

Ger. Pres.: venc*iendo* **Ger. Perf.:** *habiendo* venc*ido*

20 Die Konjugation der Verben auf -acer, -ecer, -ocer

Mod.	Zeit	1. Person Singular	2. Person Singular	3. Person Singular
Ind.	Pres.	conozco	conoces	conoce
	Imperf.	conocía	conocías	conocía
	P. I.	conocí	conociste	conoció
	Fut.	conoceré	conocerás	conocerá
Con.	Con.	conocería	conocerías	conocería
Sub.	Pres.	conozca	conozcas	conozca
	Imperf.	conociera	conocieras	conociera
		conociese	conocieses	conociese
	Fut.	conociere	conocieres	conociere
Imp.	afirm.		conoce	conozca
	negat.	no	conozcas	no conozca

Inf. Pres.: conocer   Inf. Perf.: *haber* conocido   Part.: conocido

Ebenso konjugiert wird **yacer**, das das **-c** des Verbstamms vor **-a, -o** in **-zc, -zg** oder **-g** um

21 Die Konjugation der Verben auf -acer

Mod.	Zeit	1. Person Singular	2. Person Singular	3. Person Singular
Ind.	Pres.	plazco	places	place
	Imperf.	placía	placías	placía
	P. I.	plací	placiste	plació
		plací	placiste	plugo
	Fut.	placeré	placerás	placerá
Con.	Con.	placería	placerías	placería
Sub.	Pres.	plazca	plazcas	plazca
		plazca	plazcas	plegue
	Imperf.	placiera	placieras	placiera
		placiera	placieras	pluguiera
		placiese	placieses	placiese
		placiese	placieses	pluguiese
	Fut.	placiere	placieres	placiere
		placiere	placieres	pluguiere
Imp.	afirm.		place	plazca
	negat.	no	plazcas	no plazca

Inf. Pres.: placer   Inf. Perf.: *haber* placido   Part.: placido

Die Konjugation der Verben auf -ac*er*, -ec*er*, -oc*er*; -ac*er*

-c → -zc

1. Person Plural	2. Person Plural	3. Person Plural
conoce*mos*	conoc*éis*	conoc*en*
conoc*íamos*	conoc*íais*	conoc*ían*
conoc*imos*	conoc*isteis*	conoc*ieron*
conoce*remos*	conoce*réis*	conoce*rán*
conoce*ríamos*	conoce*ríais*	conoce*rían*
conoz**c**a*mos*	conoz**c**a*is*	conoz**c**a*n*
conoc*iéramos*	conoc*ierais*	conoc*ieran*
conoc*iésemos*	conoc*ieseis*	conoc*iesen*
conoc*iéremos*	conoc*iereis*	conoc*ieren*
conoz**c**a*mos*	conoce*d*	conoz**c**a*n*
no conoz**c**a*mos*	no conoz**c**a*is*	no conoz**c**a*n*

| Ger. Pres.: conoc*iendo* | Ger. Perf.: *habiendo* conoc*ido* |

wandelt (z.B.: **yazco, yazgo, yago** etc.).

-c → -zc

1. Person Plural	2. Person Plural	3. Person Plural
place*mos*	plac*éis*	plac*en*
plac*íamos*	plac*íais*	plac*ían*
plac*imos*	plac*isteis*	plac*ieron*
plac*imos*	plac*isteis*	**pluguieron**
place*remos*	place*réis*	place*rán*
place*ríamos*	place*ríais*	place*rían*
plaz**c**a*mos*	plaz**c**a*is*	plaz**c**a*n*
plaz**c**a*mos*	plaz**c**a*is*	plaz**c**a*n*
plac*iéramos*	plac*ierais*	plac*ieran*
plac*iéramos*	plac*ierais*	plac*ieran*
plac*iésemos*	plac*ieseis*	plac*iesen*
plac*iésemos*	plac*ieseis*	plac*iesen*
plac*iéremos*	plac*iereis*	plac*ieren*
plac*iéremos*	plac*iereis*	plac*ieren*
plaz**c**a*mos*	place*d*	plaz**c**a*n*
no plaz**c**a*mos*	no plaz**c**a*is*	no plaz**c**a*n*

| Ger. Pres.: plac*iendo* | Ger. Perf.: *habiendo* plac*ido* |

22 Die Konjugation der Verben auf -ger

Mod.	Zeit	1. Person Singular	2. Person Singular	3. Person Singular
Ind.	Pres.	cojo	coges	coge
	Imperf.	cogía	cogías	cogía
	P. I.	cogí	cogiste	cogió
	Fut.	cogeré	cogerás	cogerá
Con.	Con.	cogería	cogerías	cogería
Sub.	Pres.	coja	cojas	coja
	Imperf.	cogiera	cogieras	cogiera
		cogiese	cogieses	cogiese
	Fut.	cogiere	cogieres	cogiere
Imp.	afirm.		coge	coja
	negat.		no cojas	no coja

Inf. Pres.: coger   Inf. Perf.: haber cogido   Part.: cogido

23 Die Konjugation der Verben mit betontem -e in der Stammsilbe

Mod.	Zeit	1. Person Singular	2. Person Singular	3. Person Singular
Ind.	Pres.	pierdo	pierdes	pierde
	Imperf.	perdía	perdías	perdía
	P. I.	perdí	perdiste	perdió
	Fut.	perderé	perderás	perderá
Con.	Con.	perdería	perderías	perdería
Sub.	Pres.	pierda	pierdas	pierda
	Imperf.	perdiera	perdieras	perdiera
		perdiese	perdieses	perdiese
	Fut.	perdiere	perdieres	perdiere
Imp.	afirm.		pierde	pierda
	negat.		no pierdas	no pierda

Inf. Pres.: perder   Inf. Perf.: haber perdido   Part.: perdido

Die Konjugation der Verben auf -ger; mit betontem-e in der Stammsilbe

1. Person Plural	2. Person Plural	3. Person Plural
cogemos	cogéis	cogen
cogíamos	cogíais	cogían
cogimos	cogisteis	cogieron
cogeremos	cogeréis	cogerán
cogeríamos	cogeríais	cogerían
cojamos	cojáis	cojan
cogiéramos	cogierais	cogieran
cogiésemos	cogieseis	cogiesen
cogiéremos	cogiereis	cogieren
cojamos	coged	cojan
no cojamos	no cojáis	no cojan

Ger. Pres.: cogiendo   Ger. Perf.: habiendo cogido

1. Person Plural	2. Person Plural	3. Person Plural
perdemos	perdéis	pierden
perdíamos	perdíais	perdían
perdimos	perdisteis	perdieron
perderemos	perderéis	perderán
perderíamos	perderíais	perderían
perdamos	perdáis	pierdan
perdiéramos	perdierais	perdieran
perdiésemos	perdieseis	perdiesen
perdiéremos	perdiereis	perdieren
perdamos	perded	pierdan
no perdamos	no perdáis	no pierdan

Ger. Pres.: perdiendo   Ger. Perf.: habiendo perdido

24 Die Konjugation der Verben mit betontem -o in der Stammsilbe

Mod.	Zeit	1. Person Singular	2. Person Singular	3. Person Singular
Ind.	Pres.	muelo	mueles	muele
	Imperf.	molía	molías	molía
	P. I.	molí	moliste	molió
	Fut.	moleré	molerás	molerá
Con.	Con.	molería	molerías	molería
Sub.	Pres.	muela	muelas	muela
	Imperf.	moliera	molieras	moliera
		moliese	molieses	moliese
	Fut.	moliere	molieres	moliere
Imp.	afirm.		muele	muela
	negat.		no muelas	no muela
Inf. Pres.: moler Inf. Perf.: *haber* molido Part.: molido				

Ebenso konjugiert werden die Verben auf **-olver**, die im participio jedoch auf **-uelto** enden

25 Die Konjugation der Verben mit betontem Anfangs-o

Mod.	Zeit	1. Person Singular	2. Person Singular	3. Person Singular
Ind.	Pres.	huelo	hueles	huele
	Imperf.	olía	olías	olía
	P. I.	olí	oliste	olió
	Fut.	oleré	olerás	olerá
Con.	Con.	olería	olerías	olería
Sub.	Pres.	huela	huelas	huela
	Imperf.	oliera	olieras	oliera
		oliese	olieses	oliese
	Fut.	oliere	olieres	oliere
Imp.	afirm.		huele	huela
	negat.		no huelas	no huela
Inf. Pres.: oler Inf. Perf.: *haber* olido Part.: olido				

	-o → -ue	

1. Person Plural	2. Person Plural	3. Person Plural
mol*emos*	mol*éis*	**muel***en*
mol*íamos*	mol*íais*	mol*ían*
mol*imos*	mol*isteis*	mol*ieron*
mol*eremos*	mol*eréis*	mol*erán*
mol*eríamos*	mol*eríais*	mol*erían*
mol*amos*	mol*áis*	**muel***an*
mol*iéramos*	mol*ierais*	mol*ieran*
mol*iésemos*	mol*ieseis*	mol*iesen*
mol*iéremos*	mol*iereis*	mol*ieren*
mol*amos*	mol*ed*	**muel***an*
no mol*amos*	no mol*áis*	no **muel***an*

Ger. Pres.: mol*iendo*   Ger. Perf.: *habiendo* mol*ido*

z.B.: **vuelto**).

	o- → hue-	

1. Person Plural	2. Person Plural	3. Person Plural
ol*emos*	ol*éis*	**huel***en*
ol*íamos*	ol*íais*	ol*ían*
ol*imos*	ol*isteis*	ol*ieron*
ol*eremos*	ol*eréis*	ol*erán*
ol*eríamos*	ol*eríais*	ol*erían*
ol*amos*	ol*áis*	**huel***an*
ol*iéramos*	ol*ierais*	ol*ieran*
ol*iésemos*	ol*ieseis*	ol*iesen*
ol*iéremos*	ol*iereis*	ol*ieren*
ol*amos*	ol*ed*	**huel***an*
no ol*amos*	no ol*áis*	no **huel***an*

Ger. Pres.: ol*iendo*   Ger. Perf.: *habiendo* ol*ido*

26 Die Konjugation der Verben auf -aler

Mod.	Zeit	1. Person Singular	2. Person Singular	3. Person Singular
Ind.	Pres.	valgo	vales	vale
	Imperf.	valía	valías	valía
	P. I.	valí	valiste	valió
	Fut.	valdré	valdrás	valdrá
Con.	Con.	valdría	valdrías	valdría
Sub.	Pres.	valga	valgas	valga
	Imperf.	valiera	valieras	valiera
		valiese	valieses	valiese
	Fut.	valiere	valieres	valiere
Imp.	afirm.		val(e)	valga
	negat.		no valgas	no valga
Inf. Pres.: valer		Inf. Perf.: haber valido		Part.: valido

27 Die Konjugation der Verben auf -aer

Mod.	Zeit	1. Person Singular	2. Person Singular	3. Person Singular
Ind.	Pres.	traigo	traes	trae
	Imperf.	traía	traías	traía
	P. I.	traje	trajiste	trajo
	Fut.	traeré	traerás	traerá
Con.	Con.	traería	traerías	traería
Sub.	Pres.	traiga	traigas	traiga
	Imperf.	trajera	trajeras	trajera
		trajese	trajeses	trajese
	Fut.	trajere	trajeres	trajere
Imp.	afirm.		trae	traiga
	negat.		no traigas	no traiga
Inf. Pres.: traer		Inf. Perf.: haber traído		Part.: traído

Die Konjugation der Verben auf -al*er*; -a*er*

Verbstamm + -g	Endungs-e → -d

1. Person Plural	2. Person Plural	3. Person Plural
val*emos*	val*éis*	val*en*
val*íamos*	val*íais*	val*ían*
val*imos*	val*isteis*	val*ieron*
val**dremos**	val**dréis**	val**drán**
val**dríamos**	val**dríais**	val**drían**
val**g***amos*	val**g***áis*	val**g***an*
val*iéramos*	val*ierais*	val*ieran*
val*iésemos*	val*ieseis*	val*iesen*
val*iéremos*	val*iereis*	val*ieren*
val**g***amos*	val*ed*	val**g***an*
val**g***amos*	no val**g***áis*	no val**g***an*

Ger. Pres.: val*iendo* Ger. Perf.: *habiendo* val*ido*

Verbstamm + -ig	-i → -j

1. Person Plural	2. Person Plural	3. Person Plural
tra*emos*	tra*éis*	tra*en*
tra*íamos*	tra*íais*	tra*ían*
trajimos	**trajisteis**	tra**j***eron*
tra*eremos*	tra*eréis*	tra*erán*
tra*eríamos*	tra*eríais*	tra*erían*
trai**g***amos*	trai**g***áis*	trai**g***an*
tra**j***éramos*	tra**j***erais*	tra**j***eran*
tra**j***ésemos*	tra**j***eseis*	tra**j***esen*
tra**j***éremos*	tra**j***ereis*	tra**j***eren*
trai**g***amos*	tra*ed*	trai**g***an*
trai**g***amos*	no trai**g***áis*	no trai**g***an*

Ger. Pres.: **trayendo** Ger. Perf.: *habiendo* **traído**

28 Die Konjugation der Verben auf -a*er*

Mod.	Zeit	1. Person Singular	2. Person Singular	3. Person Singular
Ind.	Pres.	cai**g**o	ca*es*	ca*e*
	Imperf.	ca*ía*	ca*ías*	ca*ía*
	P. I.	ca*í*	ca*íste*	ca**y***ó*
	Fut.	ca*eré*	ca*erás*	ca*erá*
Con.	Con.	ca*ería*	ca*erías*	ca*ería*
Sub.	Pres.	cai**g***a*	cai**g***as*	cai**g***a*
	Imperf.	ca**y***era* ca**y***ese*	ca**y***eras* ca**y***eses*	ca**y***era* ca**y***ese*
	Fut.	ca**y***ere*	ca**y***eres*	ca**y***ere*
Imp.	afirm.		ca*e*	cai**g***a*
	negat.		no cai**g***as*	no cai**g***a*

Inf. Pres.: ca*er*   Inf. Perf.: *haber* ca*ído*   Part.: ca*ído*

Ebenso konjugiert werden **raer** und **roer** und ihre Zusammensetzungen, die vor **-a, -o** nach

29 Die Konjugation der Verben auf -e*er*

Mod.	Zeit	1. Person Singular	2. Person Singular	3. Person Singular
Ind.	Pres.	le*o*	le*es*	le*e*
	Imperf.	le*ía*	le*ías*	le*ía*
	P. I.	le*í*	le*íste*	le**y***ó*
	Fut.	le*eré*	le*erás*	le*erá*
Con.	Con.	le*ería*	le*erías*	le*ería*
Sub.	Pres.	le*a*	le*as*	le*a*
	Imperf.	le**y***era* le**y***ese*	le**y***eras* le**y***eses*	le**y***era* le**y***ese*
	Fut.	le**y***ere*	le**y***eres*	le**y***ere*
Imp.	afirm.		le*e*	le*a*
	negat.		no le*as*	no le*a*

Inf. Pres.: le*er*   Inf. Perf.: *haber* le*ído*   Part.: le*ído*

Die Konjugation der Verben auf -a*er*; -e*er*

	Verbstamm + -ig	-i → -í, -y

1. Person Plural	2. Person Plural	3. Person Plural
ca*emos*	ca*éis*	ca*en*
ca*íamos*	ca*íais*	ca*ían*
ca*ímos*	ca*ísteis*	ca*yeron*
ca*eremos*	ca*eréis*	ca*erán*
ca*eríamos*	ca*eríais*	ca*erían*
ca**ig***amos*	ca**ig***áis*	ca**ig***an*
ca*yéramos*	ca*yerais*	ca*yeran*
ca*yésemos*	ca*yeseis*	ca*yesen*
ca*yéremos*	ca*yereis*	ca*yeren*
ca**ig***amos*	ca*ed*	ca**ig***an*
ca**ig***amos* no	ca**ig***áis* no	ca**ig***an*
Ger. Pres.: ca*yendo*		Ger. Perf.: *habiendo* ca*ído*

lem Verbstamm auch ein -y einfügen können (z.B.: rayo etc., royo etc.).

	-i → -í, -y

1. Person Plural	2. Person Plural	3. Person Plural
le*emos*	le*éis*	le*en*
le*íamos*	le*íais*	le*ían*
le*ímos*	le*ísteis*	le*yeron*
le*eremos*	le*eréis*	le*erán*
le*eríamos*	le*eríais*	le*erían*
le*amos*	le*áis*	le*an*
le*yéramos*	le*yerais*	le*yeran*
le*yésemos*	le*yeseis*	le*yesen*
le*yéremos*	le*yereis*	le*yeren*
le*amos*	le*ed*	le*an*
le*amos* no	le*áis* no	le*an*
Ger. Pres.: le*yendo*		Ger. Perf.: *habiendo* le*ído*

39

30 Die Konjugation der Verben auf -ñer

Mod.	Zeit	1. Person Singular	2. Person Singular	3. Person Singular
Ind.	Pres.	taño	tañes	tañe
	Imperf.	tañía	tañías	tañía
	P. I.	tañí	tañiste	tañó
	Fut.	tañeré	tañerás	tañerá
Con.	Con.	tañería	tañerías	tañería
Sub.	Pres.	taña	tañas	taña
	Imperf.	tañera tañese	tañeras tañeses	tañera tañese
	Fut.	tañere	tañeres	tañere
Imp.	afirm.		tañe	taña
	negat.		no tañas	no taña

Inf. Pres.: tañer   Inf. Perf.: *haber* tañido   Part.: tañido

31 Die Konjugation von caber (Platz haben)

Mod.	Zeit	1. Person Singular	2. Person Singular	3. Person Singular
Ind.	Pres.	quepo	cabes	cabe
	Imperf.	cabía	cabías	cabía
	P. I.	cupe	cupiste	cupo
	Fut.	cabré	cabrás	cabrá
Con.	Con.	cabría	cabrías	cabría
Sub.	Pres.	quepa	quepas	quepa
	Imperf.	cupiera cupiese	cupieras cupieses	cupiera cupiese
	Fut.	cupiere	cupieres	cupiere
Imp.	afirm.		cabe	quepa
	negat.		no quepas	no quepa

Inf. Pres.: caber   Inf. Perf.: *haber* cabido   Part.: cabido

Die Konjugation der Verben auf -ñer; von caber

1. Person Plural		2. Person Plural		3. Person Plural
tañemos		tañéis		tañen
tañíamos		tañíais		tañían
tañimos		tañisteis		tañeron
tañeremos		tañeréis		tañerán
tañeríamos		tañeríais		tañerían
tañamos		tañáis		tañan
tañéramos		tañerais		tañeran
tañésemos		tañeseis		tañesen
tañéremos		tañereis		tañeren
tañamos		tañed		tañan
no	tañamos	no	tañáis	no	tañan
Ger. Pres.: tañendo				Ger. Perf.: habiendo tañido

1. Person Plural		2. Person Plural		3. Person Plural
cabemos		cabéis		caben
cabíamos		cabíais		cabían
cupimos		cupisteis		cupieron
cabremos		cabréis		cabrán
cabríamos		cabríais		cabrían
quepamos		quepáis		quepan
cupiéramos		cupierais		cupieran
cupiésemos		cupieseis		cupiesen
cupiéremos		cupiereis		cupieren
quepamos		cabed		quepan
no	quepamos	no	quepáis	no	quepan
Ger. Pres.: cabiendo				Ger. Perf.: habiendo cabido

32 Die Konjugation von hacer (machen)

Mod.	Zeit	1. Person Singular	2. Person Singular	3. Person Singular
Ind.	Pres.	hago	haces	hace
	Imperf.	hacía	hacías	hacía
	P. I.	hice	hiciste	hizo
	Fut.	haré	harás	hará
Con.	Con.	haría	harías	haría
Sub.	Pres.	haga	hagas	haga
	Imperf.	hiciera	hicieras	hiciera
		hiciese	hicieses	hiciese
	Fut.	hiciere	hicieres	hiciere
Imp.	afirm.		haz	haga
	negat.	no	hagas	no haga

Inf. Pres.: hacer   Inf. Perf.: *haber* hecho   Part.: hecho

Ebenso konjugiert werden die Zusammensetzungen von **hacer** und **satifsfacer,** wobei die 2.

33 Die Konjugation von poder (können)

Mod.	Zeit	1. Person Singular	2. Person Singular	3. Person Singular
Ind.	Pres.	puedo	puedes	puede
	Imperf.	podía	podías	podía
	P. I.	pude	pudiste	pudo
	Fut.	podré	podrás	podrá
Con.	Con.	podría	podrías	podría
Sub.	Pres.	pueda	puedas	pueda
	Imperf.	pudiera	pudieras	pudiera
		pudiese	pudieses	pudiese
	Fut.	pudiere	pudieres	pudiere
Imp.	afirm.		puede	pueda
	negat.	no	puedas	no pueda

Inf. Pres.: poder   Inf. Perf.: *haber* podido   Part.: podido

1. Person Plural	2. Person Plural	3. Person Plural
hac*emos*	hac*éis*	hac*en*
hac*íamos*	hac*íais*	hac*ían*
hicimos	**hicisteis**	**hicieron**
haremos	**haréis**	**harán**
haríamos	**haríais**	**harían**
hagamos	**hagáis**	**hagan**
hiciéramos	**hicierais**	**hicieran**
hiciésemos	**hicieseis**	**hiciesen**
hiciéremos	**hiciereis**	**hicieren**
hagamos	hac*ed*	**hagan**
no **hagamos**	no **hagáis**	no **hagan**
Ger. Pres.: hac*iendo*		Ger. Perf.: *habiendo* **hecho**

Person Singular des imperativo afirmativo von **satisfacer satisface** oder **satisfaz** lautet.

1. Person Plural	2. Person Plural	3. Person Plural
pod*emos*	pod*éis*	**pueden**
pod*íamos*	pod*íais*	pod*ían*
pudimos	**pudisteis**	**pudieron**
podremos	**podréis**	**podrán**
podríamos	**podríais**	**podrían**
pod*amos*	pod*áis*	**puedan**
pudiéramos	**pudierais**	**pudieran**
pudiésemos	**pudieseis**	**pudiesen**
pudiéremos	**pudiereis**	**pudieren**
pod*amos*	pod*ed*	**puedan**
no pod*amos*	no pod*áis*	no **puedan**
Ger. Pres.: **pudiendo**		Ger. Perf.: *habiendo* pod*ido*

34 Die Konjugation von pon*er* (setzen, legen, stellen)

Mod.	Zeit	1. Person Singular	2. Person Singular	3. Person Singular
Ind.	Pres.	pongo	pon*es*	pon*e*
	Imperf.	pon*ía*	pon*ías*	pon*ía*
	P. I.	puse	pusiste	puso
	Fut.	pondré	pondrás	pondrá
Con.	Con.	pondría	pondrías	pondría
Sub.	Pres.	ponga	pongas	ponga
	Imperf.	pusiera pusiese	pusieras pusieses	pusiera pusiese
	Fut.	pusiere	pusieres	pusiere
Imp.	afirm.		pon	ponga
	negat.		no pongas	no ponga
	Inf. Pres.: pon*er*	Inf. Perf.: *haber* puesto	Part.: puesto	

35 Die Konjugation von quer*er* (wollen)

Mod.	Zeit	1. Person Singular	2. Person Singular	3. Person Singular
Ind.	Pres.	quiero	quieres	quiere
	Imperf.	quer*ía*	quer*ías*	quer*ía*
	P. I.	quise	quisiste	quiso
	Fut.	querré	querrás	querrá
Con.	Con.	querría	querrías	querría
Sub.	Pres.	quiera	quieras	quiera
	Imperf.	quisiera quisiese	quisieras quisieses	quisiera quisiese
	Fut.	quisiere	quisieres	quisiere
Imp.	afirm.		quiere	quiera
	negat.		no quieras	no quiera
	Inf. Pres.: quer*er*	Inf. Perf.: *haber* quer*ido*	Part.: quer*ido*	

1. Person Plural	2. Person Plural	3. Person Plural
pon*emos*	pon*éis*	pon*en*
pon*íamos*	pon*íais*	pon*ían*
pusimos	**pusisteis**	**pusieron**
pondremos	**pondréis**	**pondrán**
pondríamos	**pondríais**	**pondrían**
pongamos	**pongáis**	**pongan**
pusiéramos	**pusierais**	**pusieran**
pusiésemos	**pusieseis**	**pusiesen**
pusiéremos	**pusiereis**	**pusieren**
pongamos	pon*ed*	**pongan**
no **pongamos**	no **pongáis**	no **pongan**

Ger. Pres.: pon*iendo*   Ger. Perf.: *habiendo* **puesto**

1. Person Plural	2. Person Plural	3. Person Plural
quer*emos*	quer*éis*	**quieren**
quer*íamos*	quer*íais*	quer*ían*
quisimos	**quisisteis**	**quisieron**
querremos	**querréis**	**querrán**
querríamos	**querríais**	**querrían**
quer*amos*	quer*áis*	**quieran**
quisiéramos	**quisierais**	**quisieran**
quisiésemos	**quisieseis**	**quisiesen**
quisiéremos	**quisiereis**	**quisieren**
quer*amos*	quer*ed*	**quieran**
no quer*amos*	no quer*áis*	no **quieran**

Ger. Pres.: quer*iendo*   Ger. Perf.: *habiendo* quer*ido*

36 Die Konjugation von saber (wissen)

Mod.	Zeit	1. Person Singular	2. Person Singular	3. Person Singular
Ind.	Pres.	sé	sabes	sabe
	Imperf.	sabía	sabías	sabía
	P. I.	supe	supiste	supo
	Fut.	sabré	sabrás	sabrá
Con.	Con.	sabría	sabrías	sabría
Sub.	Pres.	sepa	sepas	sepa
	Imperf.	supiera	supieras	supiera
		supiese	supieses	supiese
	Fut.	supiere	supieres	supiere
Imp.	afirm.		sabe	sepa
	negat.		no sepas	no sepa

Inf. Pres.: saber   Inf. Perf.: *haber* sabido   Part.: sabido

37 Die Konjugation von tener (haben)

Mod.	Zeit	1. Person Singular	2. Person Singular	3. Person Singular
Ind.	Pres.	tengo	tienes	tiene
	Imperf.	tenía	tenías	tenía
	P. I.	tuve	tuviste	tuvo
	Fut.	tendré	tendrás	tendrá
Con.	Con.	tendría	tendrías	tendría
Sub.	Pres.	tenga	tengas	tenga
	Imperf.	tuviera	tuvieras	tuviera
		tuviese	tuvieses	tuviese
	Fut.	tuviere	tuvieres	tuviere
Imp.	afirm.		ten	tenga
	negat.		no tengas	no tenga

Inf. Pres.: tener   Inf. Perf.: *haber* tenido   Part.: tenido

1. Person Plural	2. Person Plural	3. Person Plural
sab*emos*	sab*éis*	sab*en*
sab*íamos*	sab*íais*	sab*ían*
supimos	supisteis	supieron
sabremos	sabréis	sabrán
sabríamos	sabríais	sabrían
sepamos	sepáis	sepan
supiéramos	supierais	supieran
supiésemos	supieseis	supiesen
supiéremos	supiereis	supieren
sepamos	sab*ed*	sepan
no sepamos	no sepáis	no sepan
Ger. Pres.: sab*iendo*	Ger. Perf.: *habiendo* sab*ido*	

1. Person Plural	2. Person Plural	3. Person Plural
ten*emos*	ten*éis*	tienen
ten*íamos*	ten*íais*	ten*ían*
tuvimos	tuvisteis	tuvieron
tendremos	tendréis	tendrán
tendríamos	tendríais	tendrían
tengamos	tengáis	tengan
tuviéramos	tuvierais	tuvieran
tuviésemos	tuvieseis	tuviesen
tuviéremos	tuviereis	tuvieren
tengamos	ten*ed*	tengan
no tengamos	no tengáis	no tengan
Ger. Pres.: ten*iendo*	Ger. Perf.: *habiendo* ten*ido*	

38 Die Konjugation von v*er* (sehen)

Mod.	Zeit	1. Person Singular	2. Person Singular	3. Person Singular
Ind.	Pres.	**veo**	v*es*	v*e*
	Imperf.	**veía**	**veías**	**veía**
	P. I.	**vi**	v*iste*	**vio**
	Fut.	v*eré*	v*erás*	v*erá*
Con.	Con.	v*ería*	v*erías*	v*ería*
Sub.	Pres.	**vea**	**veas**	**vea**
	Imperf.	v*iera*	v*ieras*	v*iera*
		v*iese*	v*ieses*	v*iese*
	Fut.	v*iere*	v*ieres*	v*iere*
Imp.	afirm.		v*e*	**vea**
	negat.		no **veas**	no **vea**

Inf. Pres.: v*er*   Inf. Perf.: *haber* **visto**   Part.: **visto**

1. Person Plural	2. Person Plural	3. Person Plural
v*emos*	**veis**	v*en*
veíamos	**veíais**	**veían**
v*imos*	v*isteis*	v*ieron*
v*eremos*	v*eréis*	v*erán*
v*eríamos*	v*eríais*	v*erían*
veamos	**veáis**	**vean**
v*iéramos*	v*ierais*	v*ieran*
v*iésemos*	v*ieseis*	v*iesen*
v*iéremos*	v*iereis*	v*ieren*
veamos	v*ed*	**vean**
no **veamos**	no **veáis**	no **vean**
Ger. Pres.: v*iendo*	Ger. Perf.: *habiendo* **visto**	

49

Die Konjugation der Verben auf **-IR**

39 Die Konjugation der Verben auf -IR

Mod.	Zeit	1. Person Singular	2. Person Singular	3. Person Singular
Ind.	Pres.	part*o*	part*es*	part*e*
	Imperf.	part*ía*	part*ías*	part*ía*
	P. I.	part*í*	part*iste*	part*ió*
	Fut.	part*iré*	part*irás*	part*irá*
Con.	Con.	part*iría*	part*irías*	part*iría*
Sub.	Pres.	part*a*	part*as*	part*a*
	Imperf.	part*iera*	part*ieras*	part*iera*
		part*iese*	part*ieses*	part*iese*
	Fut.	part*iere*	part*ieres*	part*iere*
Imp.	afirm.		part*e*	part*a*
	negat.	no	part*as*	no	part*a*

Inf. Pres.: part*ir*   Inf. Perf.: *haber* part*ido*   Part.: part*ido*

40 Die Konjugation der Verben auf -c*ir*

Mod.	Zeit	1. Person Singular	2. Person Singular	3. Person Singular
Ind.	Pres.	zur*zo*	zurc*es*	zurc*e*
	Imperf.	zurc*ía*	zurc*ías*	zurc*ía*
	P. I.	zurc*í*	zurc*iste*	zurc*ió*
	Fut.	zurc*iré*	zurc*irás*	zurc*irá*
Con.	Con.	zurc*iría*	zurc*irías*	zurc*iría*
Sub.	Pres.	zur*za*	zur*zas*	zur*za*
	Imperf.	zurc*iera*	zurc*ieras*	zurc*iera*
		zurc*iese*	zurc*ieses*	zurc*iese*
	Fut.	zurc*iere*	zurc*ieres*	zurc*iere*
Imp.	afirm.		zurc*e*	zur*za*
	negat.	no	zur*zas*	no	zur*za*

Inf. Pres.: zurc*ir*   Inf. Perf.: *haber* zurc*ido*   Part.: zurc*ido*

Die Konjugation der Verben auf -IR; -c*ir*

1. Person Plural	2. Person Plural	3. Person Plural
part*imos*	part*ís*	part*en*
part*íamos*	part*íais*	part*ían*
part*imos*	part*isteis*	part*ieron*
part*iremos*	part*iréis*	part*irán*
part*iríamos*	part*iríais*	part*irían*
part*amos*	part*áis*	part*an*
part*iéramos*	part*ierais*	part*ieran*
part*iésemos*	part*ieseis*	part*iesen*
part*iéremos*	part*iereis*	part*ieren*
part*amos*	part*id*	part*an*
no part*amos*	no part*áis*	no part*an*

Ger. Pres.: part*iendo*   Ger. Perf.: *habiendo* part*ido*

	-c → -z	

1. Person Plural	2. Person Plural	3. Person Plural
zurc*imos*	zurc*ís*	zurc*en*
zurc*íamos*	zurc*íais*	zurc*ían*
zurc*imos*	zurc*isteis*	zurc*ieron*
zurc*iremos*	zurc*iréis*	zurc*irán*
zurc*iríamos*	zurc*iríais*	zurc*irían*
zur**z***amos*	zur**z***áis*	zur**z***an*
zurc*iéramos*	zurc*ierais*	zurc*ieran*
zurc*iésemos*	zurc*ieseis*	zurc*iesen*
zurc*iéremos*	zurc*iereis*	zurc*ieren*
zur**z***amos*	zurc*id*	zur**z***an*
no zur**z***amos*	no zur**z***áis*	no zur**z***an*

Ger. Pres.: zurc*iendo*   Ger. Perf.: *habiendo* zurc*ido*

53

41 Die Konjugation der Verben auf -cir

Mod.	Zeit	1. Person Singular	2. Person Singular	3. Person Singular
Ind.	Pres.	luzco	luces	luce
	Imperf.	lucía	lucías	lucía
	P. I.	lucí	luciste	lució
	Fut.	luciré	lucirás	lucirá
Con.	Con.	luciría	lucirías	luciría
Sub.	Pres.	luzca	luzcas	luzca
	Imperf.	luciera luciese	lucieras lucieses	luciera luciese
	Fut.	luciere	lucieres	luciere
Imp.	afirm.		luce	luzca
	negat.	no	luzcas	no luzca

Inf. Pres.: lucir   Inf. Perf.: haber lucido   Part.: lucido

42 Die Konjugation der Verben auf -cir

Mod.	Zeit	1. Person Singular	2. Person Singular	3. Person Singular
Ind.	Pres.	conduzco	conduces	conduce
	Imperf.	conducía	conducías	conducía
	P. I.	conduje	condujiste	condujo
	Fut.	conduciré	conducirás	conducirá
Con.	Con.	conduciría	conducirías	conduciría
Sub.	Pres.	conduzca	conduzcas	conduzca
	Imperf.	condujera condujese	condujeras condujeses	condujera condujese
	Fut.	condujere	condujeres	condujere
Imp.	afirm.		conduce	conduzca
	negat.	no	conduzcas	no conduzca

Inf. Pres.: conducir   Inf. Perf.: haber conducido   Part.: conducido

Die Konjugation der Verben auf -c*ir*

	-c → -zc

1. Person Plural	2. Person Plural	3. Person Plural
luc*imos*	luc*ís*	luc*en*
luc*íamos*	luc*íais*	luc*ían*
luc*imos*	luc*isteis*	luc*ieron*
luc*iremos*	luc*iréis*	luc*irán*
luc*iríamos*	luc*iríais*	luc*irían*
lu**zc***amos*	lu**zc***áis*	lu**zc***an*
luc*iéramos*	luc*ierais*	luc*ieran*
luc*iésemos*	luc*ieseis*	luc*iesen*
luc*iéremos*	luc*iereis*	luc*ieren*
lu**zc***amos*	luc*id*	lu**zc***an*
no lu**zc***amos*	no lu**zc***áis*	no lu**zc***an*
Ger. Pres.: luc*iendo*		Ger. Perf.: *habiendo* luc*ido*

	-c → -zc	-c + -i → -j

1. Person Plural	2. Person Plural	3. Person Plural
conduc*imos*	conduc*ís*	conduc*en*
conduc*íamos*	conduc*íais*	conduc*ían*
conduj*imos*	**conduj*isteis***	condu**j*eron***
conduc*iremos*	conduc*iréis*	conduc*irán*
conduc*iríamos*	conduc*iríais*	conduc*irían*
condu**zc***amos*	condu**zc***áis*	condu**zc***an*
conduj**éramos**	conduj**erais**	conduj**eran**
conduj**ésemos**	conduj**eseis**	conduj**esen**
conduj**éremos**	conduj**ereis**	conduj**eren**
condu**zc***amos*	conduc*id*	condu**zc***an*
no condu**zc***amos*	no condu**zc***áis*	no condu**zc***an*
Ger. Pres.: conduc*iendo*		Ger. Perf.: *habiendo* conduc*ido*

43 Die Konjugation der Verben auf -g*ir*

Mod.	Zeit	1. Person Singular	2. Person Singular	3. Person Singular
Ind.	Pres.	dirij*o*	dirig*es*	dirig*e*
	Imperf.	dirig*ía*	dirig*ías*	dirig*ía*
	P. I.	dirig*í*	dirig*iste*	dirig*ió*
	Fut.	dirig*iré*	dirig*irás*	dirig*irá*
Con.	Con.	dirig*iría*	dirig*irías*	dirig*iría*
Sub.	Pres.	dirij*a*	dirij*as*	dirij*a*
	Imperf.	dirig*iera* / dirig*iese*	dirig*ieras* / dirig*ieses*	dirig*iera* / dirig*iese*
	Fut.	dirig*iere*	dirig*ieres*	dirig*iere*
Imp.	afirm.		dirig*e*	dirij*a*
	negat.		no dirij*as*	no dirij*a*

Inf. Pres.: dirig*ir*   Inf. Perf.: *haber* dirig*ido*   Part.: dirig*ido*

44 Die Konjugation der Verben auf -gu*ir*

Mod.	Zeit	1. Person Singular	2. Person Singular	3. Person Singular
Ind.	Pres.	disting*o*	distingu*es*	distingu*e*
	Imperf.	distingu*ía*	distingu*ías*	distingu*ía*
	P. I.	distingu*í*	distingu*iste*	distingu*ió*
	Fut.	distingu*iré*	distingu*irás*	distingu*irá*
Con.	Con.	distingu*iría*	distingu*irías*	distingu*iría*
Sub.	Pres.	disting*a*	disting*as*	disting*a*
	Imperf.	distingu*iera* / distingu*iese*	distingu*ieras* / distingu*ieses*	distingu*iera* / distingu*iese*
	Fut.	distingu*iere*	distingu*ieres*	distingu*iere*
Imp.	afirm.		distingu*e*	disting*a*
	negat.		no disting*as*	no disting*a*

Inf. Pres.: distingu*ir*   Inf. Perf.: *haber* distingu*ido*   Part.: distingu*ido*

-g → -j

1. Person Plural	2. Person Plural	3. Person Plural
dirig*imos*	dirig*ís*	dirig*en*
dirig*íamos*	dirig*íais*	dirig*ían*
dirig*imos*	dirig*isteis*	dirig*ieron*
dirig*iremos*	dirig*iréis*	dirig*irán*
dirig*iríamos*	dirig*iríais*	dirig*irían*
dirij*amos*	dirij*áis*	dirij*an*
dirig*iéramos*	dirig*ierais*	dirig*ieran*
dirig*iésemos*	dirig*ieseis*	dirig*iesen*
dirig*iéremos*	dirig*iereis*	dirig*ieren*
dirij*amos*	dirig*id*	dirij*an*
no dirij*amos*	no dirij*áis*	no dirij*an*

Ger. Pres.: dirig*iendo*	Ger. Perf.: *habiendo* dirig*ido*

-gu → -g

1. Person Plural	2. Person Plural	3. Person Plural
distingu*imos*	distingu*ís*	distingu*en*
distingu*íamos*	distingu*íais*	distingu*ían*
distingu*imos*	distingu*isteis*	distingu*ieron*
distingu*iremos*	distingu*iréis*	distingu*irán*
distingu*iríamos*	distingu*iríais*	distingu*irían*
disting*amos*	disting*áis*	disting*an*
distingu*iéramos*	distingu*ierais*	distingu*ieran*
distingu*iésemos*	distingu*ieseis*	distingu*iesen*
distingu*iéremos*	distingu*iereis*	distingu*ieren*
disting*amos*	distingu*id*	disting*an*
no disting*amos*	no disting*áis*	no disting*an*

Ger. Pres.: distingu*iendo*	Ger. Perf.: *habiendo* distingu*ido*

45 Die Konjugation der Verben auf -qu*ir*

Mod.	Zeit	1. Person Singular	2. Person Singular	3. Person Singular
Ind.	Pres.	delin**c**o	delinqu**e**s	delinqu**e**
	Imperf.	delinqu*í*a	delinqu*í*as	delinqu*í*a
	P. I.	delinqu*í*	delinqu**i**ste	delinqu**i**ó
	Fut.	delinqu**i**ré	delinqu**i**rás	delinqu**i**rá
Con.	Con.	delinqu**i**ría	delinqu**i**rías	delinqu**i**ría
Sub.	Pres.	delin**c**a	delin**c**as	delin**c**a
	Imperf.	delinqu**i**era delinqu**i**ese	delinqu**i**eras delinqu**i**eses	delinqu**i**era delinqu**i**ese
	Fut.	delinqu**i**ere	delinqu**i**eres	delinqu**i**ere
Imp.	afirm.		delinqu**e**	delin**c**a
	negat.	no	delin**c**as	no delin**c**a

Inf. Pres.: delinqu**i**r   Inf. Perf.: *haber* delinqu**i**do   Part.: delinqu**i**do

46 Die Konjugation der Verben mit betontem -e in der Stammsilbe

Mod.	Zeit	1. Person Singular	2. Person Singular	3. Person Singular
Ind.	Pres.	disc**ie**rno	disc**ie**rnes	disc**ie**rne
	Imperf.	discern*í*a	discern*í*as	discern*í*a
	P. I.	discern*í*	discern**i**ste	discern**i**ó
	Fut.	discern**i**ré	discern**i**rás	discern**i**rá
Con.	Con.	discern**i**ría	discern**i**rías	discern**i**ría
Sub.	Pres.	disc**ie**rna	disc**ie**rnas	disc**ie**rna
	Imperf.	discern**i**era discern**i**ese	discern**i**eras discern**i**eses	discern**i**era discern**i**ese
	Fut.	discern**i**ere	discern**i**eres	discern**i**ere
Imp.	afirm.		disc**ie**rne	disc**ie**rna
	negat.	no	disc**ie**rnas	no disc**ie**rna

Inf. Pres.: discern**i**r   Inf. Perf.: *haber* discern**i**do   Part.: discern**i**do

-qu → -c

1. Person Plural	2. Person Plural	3. Person Plural
delinqu*imos*	delinqu*ís*	delinqu*en*
delinqu*íamos*	delinqu*íais*	delinqu*ían*
delinqu*imos*	delinqu*isteis*	delinqu*ieron*
delinqu*iremos*	delinqu*iréis*	delinqu*irán*
delinqu*iríamos*	delinqu*iríais*	delinqu*irían*
delinc*amos*	delinc*áis*	delinc*an*
delinqu*iéramos*	delinqu*ierais*	delinqu*ieran*
delinqu*iésemos*	delinqu*ieseis*	delinqu*iesen*
delinqu*iéremos*	delinqu*iereis*	delinqu*ieren*
delinc*amos*	delinqu*id*	delinc*an*
no delinc*amos*	no delinc*áis*	no delinc*an*

Ger. Pres.: delinqu*iendo*   Ger. Perf.: *habiendo* delinqu*ido*

-e → -ie

1. Person Plural	2. Person Plural	3. Person Plural
discern*imos*	discern*ís*	disc**ie**rn*en*
discern*íamos*	discern*íais*	discern*ían*
discern*imos*	discern*isteis*	discern*ieron*
discern*iremos*	discern*iréis*	discern*irán*
discern*iríamos*	discern*iríais*	discern*irían*
discern*amos*	discern*áis*	disc**ie**rn*an*
discern*iéramos*	discern*ierais*	discern*ieran*
discern*iésemos*	discern*ieseis*	discern*iesen*
discern*iéremos*	discern*iereis*	discern*ieren*
discern*amos*	discern*id*	disc**ie**rn*an*
no discern*amos*	no discern*áis*	no disc**ie**rn*an*

Ger. Pres.: discern*iendo*   Ger. Perf.: *habiendo* discern*ido*

47 Die Konjugation der Verben mit betontem -e in der Stammsilbe

Mod.	Zeit	1. Person Singular	2. Person Singular	3. Person Singular
Ind.	Pres.	siento	sientes	siente
	Imperf.	sentía	sentías	sentía
	P. I.	sentí	sentiste	sintió
	Fut.	sentiré	sentirás	sentirá
Con.	Con.	sentiría	sentirías	sentiría
Sub.	Pres.	sienta	sientas	sienta
	Imperf.	sintiera	sintieras	sintiera
		sintiese	sintieses	sintiese
	Fut.	sintiere	sintieres	sintiere
Imp.	afirm.		siente	sienta
	negat.	no	sientas	no sienta

Inf. Pres.: sentir   Inf. Perf.: *haber* sentido   Part.: sentido

48 Die Konjugation der Verben mit betontem -e in der Stammsilbe

Mod.	Zeit	1. Person Singular	2. Person Singular	3. Person Singular
Ind.	Pres.	mido	mides	mide
	Imperf.	medía	medías	medía
	P. I.	medí	mediste	midió
	Fut.	mediré	medirás	medirá
Con.	Con.	mediría	medirías	mediría
Sub.	Pres.	mida	midas	mida
	Imperf.	midiera	midieras	midiera
		midiese	midieses	midiese
	Fut.	midiere	midieres	midiere
Imp.	afirm.		mide	mida
	negat.	no	midas	no mida

Inf. Pres.: medir   Inf. Perf.: *haber* medido   Part.: medido

Die Konjugation der Verben mit betontem -e in der Stammsilbe

-e → -ie, -i

1. Person Plural		2. Person Plural		3. Person Plural
sentimos		sentís		sienten
sentíamos		sentíais		sentían
sentimos		sentisteis		sintieron
sentiremos		sentiréis		sentirán
sentiríamos		sentiríais		sentirían
sintamos		sintáis		sientan
sintiéramos		sintierais		sintieran
sintiésemos		sintieseis		sintiesen
sintiéremos		sintiereis		sintieren
sintamos		sentid		sientan
no sintamos	no	sintáis	no	sientan

Ger. Pres.: sintiendo   Ger. Perf.: habiendo sentido

-e → -i

1. Person Plural		2. Person Plural		3. Person Plural
medimos		medís		miden
medíamos		medíais		medían
medimos		medisteis		midieron
mediremos		mediréis		medirán
mediríamos		mediríais		medirían
midamos		midáis		midan
midiéramos		midierais		midieran
midiésemos		midieseis		midiesen
midiéremos		midiereis		midieren
midamos		medid		midan
no midamos	no	midáis	no	midan

Ger. Pres.: midiendo   Ger. Perf.: habiendo medido

49 Die Konjugation der Verben auf -eñir

Mod.	Zeit	1. Person Singular	2. Person Singular	3. Person Singular
Ind.	Pres.	tiño	tiñes	tiñe
	Imperf.	teñía	teñías	teñía
	P. I.	teñí	teñiste	tiñó
	Fut.	teñiré	teñirás	teñirá
Con.	Con.	teñiría	teñirías	teñiría
Sub.	Pres.	tiña	tiñas	tiña
	Imperf.	tiñera	tiñeras	tiñera
		tiñese	tiñeses	tiñese
	Fut.	tiñere	tiñeres	tiñere
Imp.	afirm.		tiñe	tiña
	negat.		no tiñas	no tiña
Inf. Pres.: teñir		Inf. Perf.: haber teñido		Part.: teñido

Ebenso konjugiert werden die Verben auf **-añir, -iñir, -uñir, -ullir**, die jedoch kein **-e** in der

50 Die Konjugation der Verben auf -eír

Mod.	Zeit	1. Person Singular	2. Person Singular	3. Person Singular
Ind.	Pres.	río	ríes	ríe
	Imperf.	reía	reías	reía
	P. I.	reí	reíste	rió
	Fut.	reiré	reirás	reirá
Con.	Con.	reiría	reirías	reiría
Sub.	Pres.	ría	rías	ría
	Imperf.	riera	rieras	riera
		riese	rieses	riese
	Fut.	riere	rieres	riere
Imp.	afirm.		ríe	ría
	negat.		no rías	no ría
Inf. Pres.: reír		Inf. Perf.: haber reído		Part.: reído

Die Konjugation der Verben auf -eñir; -eír

	-e → -i	Endungs-i entfällt

1. Person Plural	2. Person Plural	3. Person Plural
teñimos	teñís	tiñen
teñíamos	teñíais	teñían
teñimos	teñisteis	tiñeron
teñiremos	teñiréis	teñirán
teñiríamos	teñiríais	teñirían
tiñamos	tiñáis	tiñan
tiñéramos	tiñerais	tiñeran
tiñésemos	tiñeseis	tiñesen
tiñéremos	tiñereis	tiñeren
tiñamos	teñid	tiñan
no tiñamos	no tiñáis	no tiñan
Ger. Pres.: tiñendo		Ger. Perf.: habiendo teñido

Stammsilbe haben, das in -i umgewandelt wird.

	-e → -í	Stamm-e entfällt

1. Person Plural	2. Person Plural	3. Person Plural
reímos	reís	ríen
reíamos	reíais	reían
reímos	reísteis	rieron
reiremos	reiréis	reirán
reiríamos	reiríais	reirían
riamos	riáis	rían
riéramos	rierais	rieran
riésemos	rieseis	riesen
riéremos	riereis	rieren
riamos	reíd	rían
no riamos	no riáis	no rían
Ger. Pres.: riendo		Ger. Perf.: habiendo reído

51 Die Konjugation der Verben auf -ir*ir*

Mod.	Zeit	1. Person Singular	2. Person Singular	3. Person Singular
Ind.	Pres.	adqu**ie**ro	adqu**ie**res	adqu**ie**re
	Imperf.	adquir*ía*	adquir*ías*	adquir*ía*
	P. I.	adquir*í*	adquir*iste*	adquir*ió*
	Fut.	adquir*iré*	adquir*irás*	adquir*irá*
Con.	Con.	adquir*iría*	adquir*irías*	adquir*iría*
Sub.	Pres.	adqu**ie**ra	adqu**ie**ras	adqu**ie**ra
	Imperf.	adquir*iera*	adquir*ieras*	adquir*iera*
		adquir*iese*	adquir*ieses*	adquir*iese*
	Fut.	adquir*iere*	adquir*ieres*	adquir*iere*
Imp.	afirm.		adqu**ie**re	adqu**ie**ra
	negat.		no adqu**ie**ras	no adqu**ie**ra

Inf. Pres.: adquir*ir*   Inf. Perf.: *haber* adquir*ido*   Part.: adquir*ido*

52 Die Konjugation der Verben auf -orm*ir*

Mod.	Zeit	1. Person Singular	2. Person Singular	3. Person Singular
Ind.	Pres.	d**ue**rmo	d**ue**rmes	d**ue**rme
	Imperf.	dorm*ía*	dorm*ías*	dorm*ía*
	P. I.	dorm*í*	dorm*iste*	d**u**rm*ió*
	Fut.	dorm*iré*	dorm*irás*	dorm*irá*
Con.	Con.	dorm*iría*	dorm*irías*	dorm*iría*
Sub.	Pres.	d**ue**rma	d**ue**rmas	d**ue**rma
	Imperf.	d**u**rm*iera*	d**u**rm*ieras*	d**u**rm*iera*
		d**u**rm*iese*	d**u**rm*ieses*	d**u**rm*iese*
	Fut.	d**u**rm*iere*	d**u**rm*ieres*	d**u**rm*iere*
Imp.	afirm.		d**ue**rme	d**ue**rma
	negat.		no d**ue**rmas	no d**ue**rma

Inf. Pres.: dorm*ir*   Inf. Perf.: *haber* dorm*ido*   Part.: dorm*ido*

Die Konjugation der Verben auf -ir*ir;* -orm*ir*

-i → -ie

1. Person Plural	2. Person Plural	3. Person Plural
adquir*imos*	adquir*ís*	adqu**ie**r*en*
adquir*íamos*	adquir*íais*	adquir*ían*
adquir*imos*	adquir*isteis*	adquir*ieron*
adquir*iremos*	adquir*iréis*	adquir*irán*
adquir*iríamos*	adquir*iríais*	adquir*irían*
adquir*amos*	adquir*áis*	adqu**ie**r*an*
adquir*iéramos*	adquir*ierais*	adquir*ieran*
adquir*iésemos*	adquir*ieseis*	adquir*iesen*
adquir*iéremos*	adquir*iereis*	adquir*ieren*
adquir*amos*	adquir*id*	adqu**ie**r*an*
no adquir*amos*	no adquir*áis*	no adqu**ie**r*an*
Ger. Pres.: adquir*iendo*		Ger. Perf.: *habiendo* adquir*ido*

-o → -ue, -u

1. Person Plural	2. Person Plural	3. Person Plural
dorm*imos*	dorm*ís*	d**ue**rm*en*
dorm*íamos*	dorm*íais*	dorm*ían*
dorm*imos*	dorm*isteis*	d**u**rm*ieron*
dorm*iremos*	dorm*iréis*	dorm*irán*
dorm*iríamos*	dorm*iríais*	dorm*irían*
d**u**rm*amos*	d**u**rm*áis*	d**ue**rm*an*
d**u**rm*iéramos*	d**u**rm*ierais*	d**u**rm*ieran*
d**u**rm*iésemos*	d**u**rm*ieseis*	d**u**rm*iesen*
d**u**rm*iéremos*	d**u**rm*iereis*	d**u**rm*ieren*
d**u**rm*amos*	dorm*id*	d**ue**rm*an*
no d**u**rm*amos*	no d**u**rm*áis*	no d**ue**rm*an*
Ger. Pres.: d**u**rm*iendo*		Ger. Perf.: *habiendo* dorm*ido*

53 Die Konjugation der Verben auf -al*ir*

Mod.	Zeit	1. Person Singular	2. Person Singular	3. Person Singular
Ind.	Pres.	sal*go*	sal*es*	sal*e*
	Imperf.	sal*ía*	sal*ías*	sal*ía*
	P. I.	sal*í*	sal*iste*	sal*ió*
	Fut.	sal*dré*	sal*drás*	sal*drá*
Con.	Con.	sal*dría*	sal*drías*	sal*dría*
Sub.	Pres.	sal*ga*	sal*gas*	sal*ga*
	Imperf.	sal*iera*	sal*ieras*	sal*iera*
		sal*iese*	sal*ieses*	sal*iese*
	Fut.	sal*iere*	sal*ieres*	sal*iere*
Imp.	afirm.		**sal**	sal*ga*
	negat.	no	sal*gas*	no sal*ga*

Inf. Pres.: sal*ir*   Inf. Perf.: *haber* sal*ido*   Part.: sal*ido*

Ebenso konjugiert wird **asir** und seine Zusammensetzungen, das im f u t u r o und c o n d i c i o

54 Die Konjugation der Verben auf -o*ír*

Mod.	Zeit	1. Person Singular	2. Person Singular	3. Person Singular
Ind.	Pres.	o*igo*	o*yes*	o*ye*
	Imperf.	o*ía*	o*ías*	o*ía*
	P. I.	o*í*	o*íste*	o*yó*
	Fut.	o*iré*	o*irás*	o*irá*
Con.	Con.	o*iría*	o*irías*	o*iría*
Sub.	Pres.	o*iga*	o*igas*	o*iga*
	Imperf.	o*yera*	o*yeras*	o*yera*
		o*yese*	o*yeses*	o*yese*
	Fut.	o*yere*	o*yeres*	o*yere*
Imp.	afirm.		o*ye*	o*iga*
	negat.	no	o*igas*	no o*iga*

Inf. Pres.: o*ír*   Inf. Perf.: *haber* o**ído**   Part.: o**ído**

Die Konjugation der Verben auf -al*ir*; -o*ír*

Verbstamm + -g	Endungs-i → -d

1. Person Plural	2. Person Plural	3. Person Plural
sal*imos*	sal*ís*	sal*en*
sal*íamos*	sal*íais*	sal*ían*
sal*imos*	sal*isteis*	sal*ieron*
sal**dremos**	sal**dréis**	sal**drán**
sal**dríamos**	sal**dríais**	sal**drían**
sal**g***amos*	sal**g***áis*	sal**g***an*
sal*iéramos*	sal*ierais*	sal*ieran*
sal*iésemos*	sal*ieseis*	sal*iesen*
sal*iéremos*	sal*iereis*	sal*ieren*
sal**g***amos*	sal**d**	sal**g***an*
sal**g***amos* — no	sal**g***áis* — no	sal**g***an*
Ger. Pres.: sal*iendo*		Ger. Perf.: *habiendo* sal*ido*

al jedoch regelmäßig konjugiert wird.

Verbstamm + -ig, -y	Endungs-i → -y

1. Person Plural	2. Person Plural	3. Person Plural
oímos	o*ís*	o**y***en*
o*íamos*	o*íais*	o*ían*
oímos	**oísteis**	o**yeron**
o*iremos*	o*iréis*	o*irán*
o*iríamos*	o*iríais*	o*irían*
o**ig***amos*	o**ig***áis*	o**ig***an*
o**yéramos**	o**yerais**	o**yeran**
o**yésemos**	o**yeseis**	o**yesen**
o**yéremos**	o**yereis**	o**yeren**
o**ig***amos*	**oíd**	o**ig***an*
o**ig***amos* — no	o**ig***áis* — no	o**ig***an*
Ger. Pres.: o**yendo**		Ger. Perf.: *habiendo* **oído**

55 Die Konjugation der Verben auf -u*ir*

Mod.	Zeit	1. Person Singular	2. Person Singular	3. Person Singular
Ind.	Pres.	hu**y**o	hu**y**es	hu**y**e
	Imperf.	hu*í*a	hu*í*as	hu*í*a
	P. I.	hu*í*	hu*i*ste	hu**y**ó
	Fut.	hu*i*ré	hu*i*rás	hu*i*rá
Con.	Con.	hu*i*ría	hu*i*rías	hu*i*ría
Sub.	Pres.	hu**y**a	hu**y**as	hu**y**a
	Imperf.	hu**y**era	hu**y**eras	hu**y**era
		hu**y**ese	hu**y**eses	hu**y**ese
	Fut.	hu**y**ere	hu**y**eres	hu**y**ere
Imp.	afirm.		hu**y**e	hu**y**a
	negat.	no	hu**y**as	no hu**y**a

Inf. Pres.: hu*ir*   Inf. Perf.: *haber* hu*i*do   Part.: hu*i*do

56 Die Konjugation von **ergu***ir* (aufrichten)

Mod.	Zeit	1. Person Singular	2. Person Singular	3. Person Singular
Ind.	Pres.	**i**rg*o*	**i**rg*ues*	**i**rg*ue*
		yerg*o*	**y**erg*ues*	**y**erg*ue*
	Imperf.	ergu*í*a	ergu*í*as	ergu*í*a
	P. I.	ergu*í*	ergu*i*ste	**i**rgu*ió*
	Fut.	ergu*i*ré	ergu*i*rás	ergu*i*rá
Con.	Con.	ergu*i*ría	ergu*i*rías	ergu*i*ría
Sub.	Pres.	**i**rg*a*	**i**rg*as*	**i**rg*a*
		yerg*a*	**y**erg*as*	**y**erg*a*
	Imperf.	**i**rgu*iera*	**i**rgu*ieras*	**i**rgu*iera*
		irgu*iese*	**i**rgu*ieses*	**i**rgu*iese*
	Fut.	**i**rgu*iere*	**i**rgu*ieres*	**i**rgu*iere*
Imp.	afirm.		**i**rg*ue*	**i**rg*a*
			yerg*ue*	**y**erg*a*
	negat.	no	**i**rg*as*	no **i**rg*a*
		no	**y**erg*as*	no **y**erg*a*

Inf. Pres.: ergu*ir*   Inf. Perf.: *haber* ergu*i*do   Part.: ergu*i*do

Die Konjugation der Verben auf -u*ir;* von ergu*ir*

Verbstamm + -y	Endungs-i → -y

1. Person Plural	2. Person Plural		3. Person Plural
hu*imos*	hu*ís*		hu**y**en
hu*íamos*	hu*íais*		hu*ían*
hu*imos*	hu*isteis*		hu**yeron**
hu*iremos*	hu*iréis*		hu*irán*
hu*iríamos*	hu*iríais*		hu*irían*
hu**y***amos*	hu**y***áis*		hu**y***an*
hu**yéramos**	hu**yerais**		hu**yeran**
hu**yésemos**	hu**yeseis**		hu**yesen**
hu**yéremos**	hu**yereis**		hu**yeren**
hu**y***amos*	hu*id*		hu**y***an*
hu**y***amos*	no	hu**y***áis*	no	hu**y***an*
Ger. Pres.: hu**y**endo		Ger. Perf.: *habiendo* hu*ido*

e- → i-, ye-	-gu → -g

1. Person Plural	2. Person Plural		3. Person Plural
ergu*imos*	ergu*ís*		**i**rgu*en*
ergu*imos*	ergu*ís*		**ye**rgu*en*
ergu*íamos*	ergu*íais*		ergu*ían*
ergu*imos*	ergu*isteis*		**i**rgu*ieron*
ergu*iremos*	ergu*iréis*		ergu*irán*
ergu*iríamos*	ergu*iríais*		ergu*irían*
irg*amos*	**i**rg*áis*		**i**rg*an*
yerg*amos*	**ye**rg*áis*		**ye**rg*an*
irgu*iéramos*	**i**rgu*ierais*		**i**rgu*ieran*
irgu*iésemos*	**i**rgu*ieseis*		**i**rgu*iesen*
irgu*iéremos*	**i**rgu*iereis*		**i**rgu*ieren*
irg*amos*	ergu*id*		**i**rg*an*
yerg*amos*	ergu*id*		**ye**rg*an*
irg*amos*	no	**i**rg*áis*	no	**i**rg*an*
yerg*amos*	no	**ye**rg*áis*	no	**ye**rg*an*
Ger. Pres.: **i**rgu*iendo*		Ger. Perf.: *habiendo* ergu*ido*

69

57 Die Konjugation von de**c***ir* (sagen)

Mod.	Zeit	1. Person Singular	2. Person Singular	3. Person Singular
Ind.	Pres.	**digo**	**dices**	**dice**
	Imperf.	dec*ía*	dec*ías*	dec*ía*
	P. I.	**dije**	**dijiste**	**dijo**
	Fut.	**diré**	**dirás**	**dirá**
Con.	Con.	**diría**	**dirías**	**diría**
Sub.	Pres.	**diga**	**digas**	**diga**
	Imperf.	**dijera**	**dijeras**	**dijera**
		dijese	**dijeses**	**dijese**
	Fut.	**dijere**	**dijeres**	**dijere**
Imp.	afirm.		**di**	**diga**
	negat.	no	**digas**	no **diga**
Inf. Pres.: de**c***ir* Inf. Perf.: *haber* **dicho** Part.: **dicho**				

Ebenso konjugiert werden die Zusammensetzungen von **decir**. Die Verbformen des futuro
gelmäßig konjugiert (z.B.: **prediciré** etc., **prediciría** etc., **predice**).

58 Die Konjugation von *ir* (gehen)

Mod.	Zeit	1. Person Singular	2. Person Singular	3. Person Singular
Ind.	Pres.	**voy**	**vas**	**va**
	Imperf.	**iba**	**ibas**	**iba**
	P. I.	**fui**	**fuiste**	**fue**
	Fut.	iré	irás	irá
Con.	Con.	iría	irías	iría
Sub.	Pres.	**vaya**	**vayas**	**vaya**
	Imperf.	**fuera**	**fueras**	**fuera**
		fuese	**fueses**	**fuese**
	Fut.	**fuere**	**fueres**	**fuere**
Imp.	afirm.		**ve**	**vaya**
	negat.	no	**vayas**	no **vaya**
Inf. Pres.: ir Inf. Perf.: *haber* ido Part.: ido				

1. Person Plural	2. Person Plural	3. Person Plural
dec*imos*	dec*ís*	**dicen**
dec*íamos*	dec*íais*	dec*ían*
dijimos	**dijisteis**	**dijeron**
diremos	**diréis**	**dirán**
diríamos	**diríais**	**dirían**
digamos	**digáis**	**digan**
dijéramos	**dijerais**	**dijeran**
dijésemos	**dijeseis**	**dijesen**
dijéremos	**dijereis**	**dijeren**
digamos	dec*id*	**digan**
no	**digamos**	no	**digáis**	no	**digan**
Ger. Pres.: **diciendo**		Ger. Perf.: *habiendo* **dicho**

:ondicional und der 2. Person Singular des imperativo afirmativo werden jedoch re-

1. Person Plural	2. Person Plural	3. Person Plural
vamos	**vais**	**van**
íbamos	**ibais**	**iban**
fuimos	**fuisteis**	**fueron**
iremos	iréis	irán
iríamos	iríais	irían
vayamos	**vayáis**	**vayan**
fuéramos	**fuerais**	**fueran**
fuésemos	**fueseis**	**fuesen**
fuéremos	**fuereis**	**fueren**
vayamos	id	**vayan**
o	**vayamos**	no	**vayáis**	no	**vayan**
Ger. Pres.: **yendo**		Ger. Perf.: *habiendo* ido

59 Die Konjugation von ven*ir* (kommen)

Mod.	Zeit	1. Person Singular	2. Person Singular	3. Person Singular
Ind.	Pres.	vengo	vienes	viene
	Imperf.	ven*ía*	ven*ías*	ven*ía*
	P. I.	vine	viniste	vino
	Fut.	vendré	vendrás	vendrá
Con.	Con.	vendría	vendrías	vendría
Sub.	Pres.	venga	vengas	venga
	Imperf.	viniera	vinieras	viniera
		viniese	vinieses	viniese
	Fut.	viniere	vinieres	viniere
Imp.	afirm.		ven	venga
	negat.		no vengas	no venga
	Inf. Pres.: ven*ir*	Inf. Perf.: *haber* ven*ido*		Part.: ven*ido*

1. Person Plural	2. Person Plural		3. Person Plural	
ven*imos*	ven*ís*		vienen	
ven*íamos*	ven*íais*		ven*ían*	
vinimos	vinisteis		vinieron	
vendremos	vendréis		vendrán	
vendríamos	vendríais		vendrían	
vengamos	vengáis		vengan	
viniéramos	vinierais		vinieran	
viniésemos	vinieseis		viniesen	
viniéremos	viniereis		vinieren	
vengamos	ven*id*		vengan	
no vengamos	no	vengáis	no	vengan

Ger. Pres.: **viniendo**   Ger. Perf.: *habiendo* ven*ido*

Die Konjugation
reflexiver Verben

Die Konjugation
passiver Formen

Die Konjugation reflexiver Verben

Mod.	Zeit	1. Person Singular		2. Person Singular		3. Person Singular	
Ind.	Pres.	me	lavo	te	lavas	se	lava
	Imperf.	me	lavaba	te	lavabas	se	lavaba
	P. I.	me	lavé	te	lavaste	se	lavó
	P. P.	me he	lavado	te has	lavado	se ha	lavado
	P. C.	me había	lavado	te habías	lavado	se había	lavado
	P. A.	me hube	lavado	te hubiste	lavado	se hubo	lavado
	Fut.	me	lavaré	te	lavarás	se	lavará
	F. P.	me habré	lavado	te habrás	lavado	se habrá	lavado
Con.	Con.	me	lavaría	te	lavarías	se	lavaría
	C. P.	me habría	lavado	te habrías	lavado	se habría	lavado
Sub.	Pres.	me	lave	te	laves	se	lave
	Imperf.	me	lavara	te	lavaras	se	lavara
		me	lavase	te	lavases	se	lavase
	P. P.	me haya	lavado	te hayas	lavado	se haya	lavado
	P. C.	me hubiera	lavado	te hubieras	lavado	se hubiera	lavado
		me hubiese	lavado	te hubieses	lavado	se hubiese	lavado
	Fut.	me	lavare	te	lavares	se	lavare
	F. P.	me hubiere	lavado	te hubieres	lavado	se hubiere	lavado
Imp.	afirm.				lávate		lávese
	negat.			no	te laves	no se	lave
Inf.	Pres.		lavarse				
	Perf.	haberse	lavado				
Part.		-					
Ger.	Pres.		lavándose				
	Perf.	habiéndose	lavado				

1. Person Plural		2. Person Plural		3. Person Plural	
nos	lavamos	**os**	lav*áis*	**se**	lav*an*
nos	lav*ábamos*	**os**	lav*abais*	**se**	lav*aban*
nos	lavamos	**os**	lav*asteis*	**se**	lav*aron*
nos *hemos*	lav*ado*	**os** *habéis*	lav*ado*	**se** *han*	lav*ado*
nos *habíamos*	lav*ado*	**os** *habíais*	lav*ado*	**se** *habían*	lav*ado*
nos *hubimos*	lav*ado*	**os** *hubisteis*	lav*ado*	**se** *hubieron*	lav*ado*
nos	lav*aremos*	**os**	lav*aréis*	**se**	lav*arán*
nos *habremos*	lav*ado*	**os** *habréis*	lav*ado*	**se** *habrán*	lav*ado*
nos	lav*aríamos*	**os**	lav*aríais*	**se**	lav*arían*
nos *habríamos*	lav*ado*	**os** *habríais*	lav*ado*	**se** *habrían*	lav*ado*
nos	lav*emos*	**os**	lav*éis*	**se**	lav*en*
nos	lav*áramos*	**os**	lav*arais*	**se**	lav*aran*
nos	lav*ásemos*	**os**	lav*aseis*	**se**	lav*asen*
nos *hayamos*	lav*ado*	**os** *hayáis*	lav*ado*	**se** *hayan*	lav*ado*
nos *hubiéramos*	lav*ado*	**os** *hubierais*	lav*ado*	**se** *hubieran*	lav*ado*
nos *hubiésemos*	lav*ado*	**os** *hubieseis*	lav*ado*	**se** *hubiesen*	lav*ado*
nos	lav*áremos*	**os**	lav*areis*	**se**	lav*aren*
nos *hubiéremos*	lav*ado*	**os** *hubiereis*	lav*ado*	**se** *hubieren*	lav*ado*
	lav*émo***nos**		lava**os**		láve*n***se**
no	**nos** lav*emos*	no	**os** lav*éis*	no	**se** lav*en*

Die Konjugation des Vorgangspassivs

Mod.	Zeit	1. Person Singular		2. Person Singular		3. Person Singular	
Ind.	Pres.	soy	amado(a)	eres	amado(a)	es	amado(a)
	Imperf.	era	amado(a)	eras	amado(a)	era	amado(a)
	P. I.	fui	amado(a)	fuiste	amado(a)	fue	amado(a)
	P. P.	he sido	amado(a)	has sido	amado(a)	ha sido	amado(a)
	P. C.	había sido	amado(a)	habías sido	amado(a)	había sido	amado(a)
	P. A.	hube sido	amado(a)	hubiste sido	amado(a)	hubo sido	amado(a)
	Fut.	seré	amado(a)	serás	amado(a)	será	amado(a)
	F. P.	habré sido	amado(a)	habrás sido	amado(a)	habrá sido	amado(a)
Con.	Con.	sería	amado(a)	serías	amado(a)	sería	amado(a)
	C. P.	habría sido	amado(a)	habrías sido	amado(a)	habría sido	amado(a)
Sub.	Pres.	sea	amado(a)	seas	amado(a)	sea	amado(a)
	Imperf.	fuera	amado(a)	fueras	amado(a)	fuera	amado(a)
		fuese	amado(a)	fueses	amado(a)	fuese	amado(a)
	P. P.	haya sido	amado(a)	hayas sido	amado(a)	haya sido	amado(a)
	P. C.	hubiera sido	amado(a)	hubieras sido	amado(a)	hubiera sido	amado(a)
		hubiese sido	amado(a)	hubieses sido	amado(a)	hubiese sido	amado(a)
	Fut.	fuere	amado(a)	fueres	amado(a)	fuere	amado(a)
	F. P.	hubiere sido	amado(a)	hubieres sido	amado(a)	hubiere sido	amado(a)
Imp.	afirm.			sé	amado(a)	sea	amado(a)
	negat.			no seas	amado(a)	no sea	amado(a)
Inf.	Pres.	ser	amado				
	Perf.	haber sido	amado				
Part.		sido	amado				
Ger.	Pres.	siendo	amado				
	Perf.	habiendo sido	amado				

1. Person Plural		2. Person Plural		3. Person Plural	
	somos amado(a)s		sois amado(a)s		son amado(a)s
	éramos amado(a)s		erais amado(a)s		eran amado(a)s
	fuimos amado(a)s		fuisteis amado(a)s		fueron amado(a)s
hemos	sido amado(a)s	habéis	sido amado(a)s	han	sido amado(a)s
habíamos	sido amado(a)s	habíais	sido amado(a)s	habían	sido amado(a)s
hubimos	sido amado(a)s	hubisteis	sido amado(a)s	hubieron	sido amado(a)s
	seremos amado(a)s		seréis amado(a)s		serán amado(a)s
habremos	sido amado(a)s	habréis	sido amado(a)s	habrán	sido amado(a)s
	seríamos amado(a)s		seríais amado(a)s		serían amado(a)s
habríamos	sido amado(a)s	habríais	sido amado(a)s	habrían	sido amado(a)s
	seamos amado(a)s		seáis amado(a)s		sean amado(a)s
	fuéramos amado(a)s		fuerais amado(a)s		fueran amado(a)s
	fuésemos amado(a)s		fueseis amado(a)s		fuesen amado(a)s
hayamos	sido amado(a)s	hayáis	sido amado(a)s	hayan	sido amado(a)s
hubiéramos	sido amado(a)s	hubierais	sido amado(a)s	hubieran	sido amado(a)s
hubiésemos	sido amado(a)s	hubieseis	sido amado(a)s	hubiesen	sido amado(a)s
	fuéremos amado(a)s		fuereis amado(a)s		fueren amado(a)s
hubiéremos	sido amado(a)s	hubiereis	sido amado(a)s	hubieren	sido amado(a)s
	seamos amado(a)s		sed amado(a)s		sean amado(a)s
no	seamos amado(a)s	no	seáis amado(a)s	no	sean amado(a)s

Die Konjugation des Zustandspassivs

Mod.	Zeit	1. Person Singular		2. Person Singular		3. Person Singular	
Ind.	Pres.		**estoy** amado(a)		**estás** amado(a)		**está** amado(a)
	Imperf.		**estaba** amado(a)		**estabas** amado(a)		**estaba** amado(a)
	P. I.		**estuve** amado(a)		**estuviste** amado(a)		**estuvo** amado(a)
	P. P.	he	**estado** amado(a)	has **estado** amado(a)		ha **estado** amado(a)	
	P. C.	había	**estado** amado(a)	habías **estado** amado(a)		había **estado** amado(a)	
	P. A.	hube	**estado** amado(a)	hubiste **estado** amado(a)		hubo **estado** amado(a)	
	Fut.		**estaré** amado(a)		**estarás** amado(a)		**estará** amado(a)
	F. P.	habré	**estado** amado(a)	habrás **estado** amado(a)		habrá **estado** amado(a)	
Con.	Con.		**estaría** amado(a)		**estarías** amado(a)		**estaría** amado(a)
	C. P.	habría	**estado** amado(a)	habrías **estado** amado(a)		habría **estado** amado(a)	
Sub.	Pres.		**esté** amado(a)		**estés** amado(a)		**esté** amado(a)
	Imperf.		**estuviera** amado(a) **estuviese** amado(a)		**estuvieras** amado(a) **estuvieses** amado(a)		**estuviera** amado(a) **estuviese** amado(a)
	P. P.	haya	**estado** amado(a)	hayas **estado** amado(a)		haya **estado** amado(a)	
	P. C.	hubiera hubiese	**estado** amado(a) **estado** amado(a)	hubieras **estado** amado(a) hubieses **estado** amado(a)		hubiera **estado** amado(a) hubiese **estado** amado(a)	
	Fut.		**estuviere** amado(a)		**estuvieres** amado(a)		**estuviere** amado(a)
	F. P.	hubiere	**estado** amado(a)	hubieres **estado** amado(a)		hubiere **estado** amado(a)	
Imp.	afirm.				**está** amado(a)		**esté** amado(a)
	negat.			no	**estés** amado(a)	no	**esté** amado(a)
Inf.	Pres.		**estar** amado				
		haber	**estado** amado				
Part.			**estado** amado				
Ger.	Pres.		**estando** amado				
	Perf.	habiendo	**estado** amado				

1. Person Plural		2. Person Plural		3. Person Plural	
	estamos amado(a)s		**estáis** amado(a)s		**están** amado(a)s
	estábamos amado(a)s		**estabais** amado(a)s		**estaban** amado(a)s
	estuvimos amado(a)s		**estuvisteis** amado(a)s		**estuvieron** amado(a)s
hemos	**estado** amado(a)s	*habéis*	**estado** amado(a)s	*han*	**estado** amado(a)s
habíamos	**estado** amado(a)s	*habíais*	**estado** amado(a)s	*habían*	**estado** amado(a)s
hubimos	**estado** amado(a)s	*hubisteis*	**estado** amado(a)s	*hubieron*	**estado** amado(a)s
	estaremos amado(a)s		**estaréis** amado(a)s		**estarán** amado(a)s
habremos	**estado** amado(a)s	*habréis*	**estado** amado(a)s	*habrán*	**estado** amado(a)s
	estaríamos amado(a)s		**estaríais** amado(a)s		**estarían** amado(a)s
habríamos	**estado** amado(a)s	*habríais*	**estado** amado(a)s	*habrían*	**estado** amado(a)s
	estemos amado(a)s		**estéis** amado(a)s		**estén** amado(a)s
	estuviéramos amado(a)s		**estuvierais** amado(a)s		**estuvieran** amado(a)s
	estuviésemos amado(a)s		**estuvieseis** amado(a)s		**estuviesen** amado(a)s
hayamos	**estado** amado(a)s	*hayáis*	**estado** amado(a)s	*hayan*	**estado** amado(a)s
hubiéramos	**estado** amado(a)s	*hubierais*	**estado** amado(a)s	*hubieran*	**estado** amado(a)s
hubiésemos	**estado** amado(a)s	*hubieseis*	**estado** amado(a)s	*hubiesen*	**estado** amado(a)s
	estuviéremos amado(a)s		**estuviereis** amado(a)s		**estuvieren** amado(a)s
hubiéremos	**estado** amado(a)s	*hubiereis*	**estado** amado(a)s	*hubieren*	**estado** amado(a)s
	estemos amado(a)s		**estad** amado(a)s		**estén** amado(a)s
no	**estemos** amado(a)s	*no*	**estéis** amado(a)s	*no*	**estén** amado(a)s

Zu jedem Verb ist eine Ziffer gegeben, die auf die entsprechende Verbgruppe verweist. Verben, die Konjugationsmerkmale aus zwei verschiedenen Verbgruppen erhalten, sind mit zwei, die entsprechenden Verbgruppen betreffenden Ziffern versehen.

Die unpersönlichen Verben werden nur in der 3. Person Singular verwendet. Sie sind durch *im* gekennzeichnet.

83

cansar 4	coleccionar 4	comportar 4	confirmar 4
ermüden; abnützen	sammeln	verursachen, bewirken	bestätigen, -stärken
cantar 4	colectar 4	comprar 4	confiscar 5
singen	einziehen (Steuern, Geld)	kaufen	beschlagnahmen
caracterizar 8	colegir 43,48	comprender 18	confluir 55
charakterisieren	schließen, folgern	verstehen; umfassen	zs.fließen, -strömen
carecer 20	colgar 6,10	comprimir 39	conformar 4
mangeln an, entbehren	(auf)hängen	zs.pressen	anpassen, -gleichen
cargar 6	colisionar 4	comprobar 10	confortar 4
(be)laden	zs.stoßen, -prallen	bestätigen, -glaubigen	stärken, trösten
casar 4	color(e)ar 4	comprometer 18	confrontar 4
(ver)heiraten	färben	bloßstellen	gegenüberstellen, ver-
cascar 5	comandar 4	comunicar 5	gleichen
zerbrechen, knacken	kommandieren	mitteilen, kommunizieren	confundir 39
castigar 6	combatir 39	concebir 48	vermischen; -wechseln
bestrafen, züchtigen	(be)kämpfen	begreifen; ausdenken	conglobar 4
causar 4	combinar 4	conceder 18	anhäufen, zs.ballen
verursachen; -anlassen	zs.fügen, kombinieren	gewähren	conglomerar 4
cazar 8	comentar 4	concentrar 4	anhäufen
jagen	kommentieren	zs.ziehen, konzentrieren	congratular 4
ceder 18	comenzar 8,9	concernir 46	beglückwünschen
abtreten, überlassen	anfangen, beginnen	(nur 3. Pers.) (an)be-	congregar 6
celebrar 4	comer 18	treffen, -langen	versammeln
feiern; loben	essen	concertar 9	conjugar 6
cenar 4	cometer 18	in Einklang bringen	konjugieren
zu Abend essen	verüben	conciliar 4	conjurar 4
cercar 5	compadecer 20	aus-, versöhnen	beschwören, inständig
umgeben, -ringen	bemitleiden	concluir 55	bitten
cerrar 9	comparar 4	abschließen, beenden	conmover 24
schließen	vergleichen	concordar 10	rühren, erschüttern
cesar 4	comparecer 20	in Einklang bringen	conocer 20
aufhören	erscheinen (vor Gericht)	concurrir 39	kennen(lernen)
circuir 55	compartir 39	sich versammeln; bei-	conquistar 4
umkreisen	abteilen	tragen	erobern
circular 4	compeler 18	condenar 4	conseguir 44,48
umgeben; -kreisen, kur-	nötigen, zwingen	verurteilen, -dammen	erlangen, -reichen
sieren	compendiar 4	condescender 23	consentir 47
circunscribir 39	ab-, zs.kürzen	nachgeben, einwilligen	gestatten, billigen
(part.: circunscrito) um-	compensar 4	condoler 24	conservar 4
schreiben	ausgleichen, entschädigen	bemitleiden	(auf)bewahren
civilizar 8	competer 18	conducir 42	considerar 4
zivilisieren	zuständig sein; zustehen	führen, fahren, steuern	erwägen, berücksichtigen
clasificar 5	competir 48	conectar 4	consistir 39
einteilen	konkurrieren, wetteifern	verbinden, anschließen	beruhen, -stehen (aus)
claudicar 5	complacer 20	conferir 47	consolar 10
hinken	gefällig sein	erteilen; erörtern	trösten
cocer 19,24	complementar 4	confesar 9	consolidar 4
kochen, sieden	ergänzen	anerkennen; beichten	befestigen, sichern
coger 22	completar 4	confiar 12	conspirar 4
ergreifen	vervollständigen	anvertrauen	sich verschwören
coincidir 39	complicar 5	configurar 4	constar 4
übereinstimmen	komplizieren	bilden, formen, gestalten	gewiß sein; bestehen
colaborar 4	componer 34	confinar 4	(aus)
mitarbeiten, -wirken	zs.stellen	verbannen	constatar 4

lockern		desembocar	5
desaprobar	10	(ein)münden	
mißbilligen; leugnen		**desempacar**	5
desarmar	4	auspacken	
entwaffnen		**desempaquetar**	4
desarrollar	4	auspacken	
ab-, aufrollen, -wickeln		**desempeñar**	4
desasosegar	6,9	ausführen (Auftrag)	
beunruhigen		**desempolvar**	4
desatender	23	abstauben	
nicht beachten		**desenganchar**	4
desayunar	4	ab-, aus-, loshaken	
frühstücken		**desengañar**	4
descabezar	8	enttäuschen, ernüchtern	
enthaupten, köpfen		**desenlazar**	8
descalificar	5	auf-, losbinden	
disqualifizieren		**desenterrar**	9
descalzar	8	ausgraben	
ausziehen (Schuhe)		**desenvolver**	24
descansar	4	auf-, abwickeln; enthüllen	
ausruhen		**desequilibrar**	4
descargar	6	aus dem Gleichgewicht	
entladen		bringen	
descender	23	**desesperar**	4
herunter-, hinunterbrin-		zur Verzweiflung bringen	
gen, -gehen		**desfallecer**	20
descolgar	6,10	in Ohnmacht fallen	
ab-, loshaken		**desflorecer**	20
desconcertar	9	verblühen	
in Unordnung bringen		**deshabituar**	13
desconectar	4	abgewöhnen	
ab-, ausschalten		**deshacer**	32
desconfiar	12	zerlegen	
mißtrauen		**deshelar**	9
descongelar	4	auftauen	
ab-, auftauen		**desheredar**	4
desconsolar	10	enterben	
betrüben		**deshon(or)ar**	4
descontar	10	entehren, schänden	
abziehen, -rechnen		**designar**	4
desconvenir	59	bezeichnen; bestimmen	
nicht übereinstimmen		**desinfectar**	4
describir	39	desinfizieren	
(part.: descrito) be-		**desliar**	12
schreiben, schildern		aufbinden	
descubrir	39	**desmentir**	47
(part.: descubierto) auf-,		abstreiten, leugnen	
entdecken		**desmerecer**	20
desear	4	nicht verdienen	
wünschen		**desobedecer**	20
desembalar	4	nicht gehorchen	
auspacken		**desodorizar**	8
desembarcar	5	desodorieren	
ausladen (Schiff)		**desoír**	54

überhören, nicht hören		**difamar**	4
desolar	10	verleumden, diffamieren	
verwüsten, -heeren		**diferenciar**	4
desordenar	4	unterscheiden; uneinig	
in Unordnung bringen		sein	
despedir	48	**diferir**	47
verabschieden; entlassen		aufschieben, verzögern;	
despertar	9	abweichen, differieren	
aufwecken; enttäuschen		**dificultar**	4
desplacer	20	erschweren, behindern	
mißfallen		**difundir**	39
desplegar	6,9	aus-, verbreiten	
entfalten		**digerir**	47
desposeer	29	verdauen	
enteignen		**dignarse**	4
despreciar	4	geruhen	
verachten, geringschätzen		**dilatar**	4
desprender	18	ausdehnen; verzögern	
ablösen, trennen		**diluviar,im**	4
desterrar	9	in Strömen regnen	
verbannen		**diminuir**	55
destinar	4	vermindern, -ringern	
bestimmen, zuweisen		**dimitir**	39
destruir	55	niederlegen (Amt)	
zerstören		**dirigir**	43
desvalorar	4	leiten, führen	
ab-, entwerten		**discernir**	46
desvalorizar	8	unterscheiden	
ab-, entwerten		**discordar**	10
desvanecer	20	abweichen, uneinig sein	
verwischen		**discriminar**	4
detener	38	diskriminieren	
verhaften; anhalten		**discutir**	39
deteriorar	4	diskutieren	
verschlechtern, -schlim-		**disentir**	47
mern		anderer Meinung sein	
determinar	4	**disminuir**	55
bestimmen, entscheiden		(sich) vermindern	
detestar	4	**disolver**	24
verabscheuen		auflösen, zersetzen	
detonar	4	**dispensar**	4
detonieren		freisprechen, entbinden	
detraer	27	**disponer**	34
aussondern, abziehen		in Ordnung bringen; ver-	
devaluar	13	fügen (über)	
abwerten		**disputar**	4
devastar	4	bestreiten	
verheeren, -wüsten		**distanciar**	4
devolver	24	trennen, entfernen	
zur.geben, -erstatten		**distinguir**	44
dibujar	4	unterscheiden	
malen, zeichnen		**distraer**	27
dictar	4	ablenken, zerstreuen	
diktieren; vorschreiben		**distribuir**	55

ein-, zu-, verteilen

disturbar 4
zerstören, -rütten

disuadir 39
abraten, umstimmen

divagar 6
abschweifen; umherirren

divergir 43
abweichen, divergieren

divertir 47
vergnügen, ablenken

dividir 39
teilen; dividieren

divorciar 4
scheiden, trennen (Ehe)

divulgar 6
verbreiten (Gerücht)

doblar 4
verdoppeln; biegen

doler 24
schmerzen; leid tun

domiciliar 4
ansiedeln

dormir 52
schlafen

duchar 4
duschen

dudar 4
(be)zweifeln

duplicar 5
verdoppeln

durar 4
(fort)dauern; durchhalten

E

economizar 8
(ein-, er)sparen

echar 4
wegwerfen

edificar 5
errichten, -bauen

educar 5
erziehen

efectuar 13
ausführen, bewirken

ejecutar 4
aus-, durchführen

ejercer 19
ausüben

elegir 43,48
(aus-, er)wählen

elevar 4
heben

eliminar 4
ausmerzen, beseitigen

elogiar 4
preisen, loben

elucidar 4
auf-, erklären, erläutern

eludir 39
ausweichen, umgehen

embalar 4
ein-, verpacken

embarazar 8
hindern, hemmen

embarcar 5
verschiffen, -laden

embargar 6
pfänden

embellecer 20
verschönern

embozar 8
ein-; verhüllen, -mummen

embravecer 20
in Wut bringen

emerger 22
auftauchen

emigrar 4
auswandern

emitir 39
senden, ausgeben

empacar 5
ein-, verpacken

empaquetar 4
ein-, verpacken

enipeñar 4
verpfänden

empezar 8,9
beginnen, anfangen

emplazar 8
aufstellen, montieren

emplear 4
anwenden

emprender 18
in Angriff, unternehmen

encabezar 8
einschreiben, -tragen

encarecer 20
verteuern

encargar 6
beauftragen

encender 23
anzünden

encerrar 9
ein-, umschließen

encoger 22
ein-, zur.-, zs.ziehen

encomendar 9
(be)auftragen

encontrar 10
treffen; finden

encuadrar 4
(ein-, um)rahmen

encubrir 39
(part.: encubierto) ver-
bergen, -heimlichen

endeudarse 4
sich verschulden

endurecer 20
(ver)härten

enfermar 4
krank machen/werden

enflaquecer 20
schwächen, abmagern

enfrentar 4
gegenüberstellen

enfriar 12
(ab)kühlen

engañar 4
betrügen

engrandecer 20
vergrößern; übertreiben

enloquecer 20
verrückt machen/werden

enmendar 9
(ver)bessern, berichtigen

enmudecer 20
verstummen

enrabiar 4
wütend machen

enrarecer 20
verknappen

ensanchar 4
vergrößern, erweitern

ensayar 4
ausprobieren, versuchen

enseñar 4
lehren, unterrichten

ensordecer 20
betäuben

entender 23
verstehen

enterar 4
benachrichtigen

enterrar 9
be-, vergraben

entorpecer 20
behindern, hemmen

entrar 4
hineingehen, eintreten

entregar 6

aushändigen, überrei-
chen

entretener 38
auf-, hinhalten

entullecer 20
lähmen, lahmlegen

entumecer 20
lähmen

entusiasmar 4
begeistern

enumerar 4
aufzählen

envanecer 20
stolz machen

envasar 4
ab-, einfüllen

envejecer 20
alt machen/werden

enviar 12
(ver)schicken, -senden

envidiar 4
beneiden

envolver 24
einhüllen, -wickeln

equilibrar 4
ins Gleichgewicht bringen

equipar 4
ausrüsten, -statten

equivaler 26
gleichwertig sein

erguir 56
aufrichten

erigir 43
auf-, errichten

errar 15
(sich) irren; herumirren

escarnecer 20
verspotten

escasear 4
sparen, knausern

esclarecer 20
aufhellen, be-, erleuchten

escobar 4
(aus)kehren, -fegen

escocer 19,24
brennen, jucken

escoger 22
auswählen

esconder 18
verstecken, -heimlichen

escribir 39
(part.: escrito) schreiben

escuchar 4
zuhören

esforzar 8,10	übersteigen, -schreiten	auslöschen; tilgen	**forzar** 8,10
anstrengen; verstärken	**exceptuar** 13	**extirpar** 4	zwingen
esparcir 40	ausschließen	ausrotten	**fotocopiar** 4
(ver)streuen	**excitar** 4	**extorsionar** 4	fotokopieren
esperar 4	an-, auf-, erregen	erpressen	**fotografiar** 12
hoffen; (er)warten	**exclamar** 4	**extraer** 27	fotografieren
espirar 4	(aus)rufen, -schreien	herausziehen, -nehmen	**fraguar** 7
ausatmen; -dünsten	**excluir** 55	**exudar** 4	schmieden
esquiar 12	ausschließen	ausschwitzen	**franquear** 4
Ski fahren	**excusar** 4	**exultar** 4	freimachen, frankieren
estabilizar 8	entschuldigen	frohlocken, jauchzen	**fregar** 6,9
stabilisieren, festmachen	**exheredar** 4		abwaschen, -spülen
establecer 20	enterben	**F**	**freír** 50
bestimmen; errichten	**exhibir** 39	**facilitar** 4	braten, backen, fritieren
estar 2	vorzeigen, ausstellen	erleichtern; -möglichen	**frenar** 4
sein	**exhortar** 4	**falsificar** 5	(ab)bremsen; hemmen
estatizar 8	ermahnen; aufmuntern	fälschen	**fruncir** 40
verstaatlichen	**exigir** 43	**faltar** 4	runzeln
estenografiar 12	fordern	fehlen, mangeln	**fugarse** 6
stenographieren	**exiliar** 4	**fantasear** 4	(ent)fliehen, flüchten
estimar 4	verbannen	phantasieren	**fumar** 4
hochachten, würdigen	**existir** 39	**fatigar** 6	rauchen, qualmen
estornudar 4	existieren	ermüden	**funcionar** 4
niesen	**expedir** 48	**favorecer** 20	funktionieren
estrangular 4	(ver)senden	begünstigen, fördern	**fundir** 39
erdrosseln, -würgen	**expeler** 18	**fechar** 4	(ver)schmelzen
estrechar 4	verjagen, -treiben	datieren	
einengen	**expender** 18	**felicitar** 4	**G**
estregar 6,9	ausgeben, verausgaben	beglückwünschen	**garantizar** 8
(ab)reiben	**expiar** 12	**fertilizar** 8	garantieren
estropear 4	büßen	düngen	**gargarizar** 8
beschädigen	**explicar** 5	**fiar** 12	gurgeln
estudiar 4	erklären	(ver)trauen	**generalizar** 8
studieren, lernen	**explorar** 4	**fijar** 4	verallgemeinern
evacuar 4 oder 13	erforschen	befestigen	**girar** 4
(aus)leeren, räumen,	**explosionar** 4	**filtrar** 4	drehen, kreisen, rotieren
evakuieren	explodieren	filtern	**glorificar** 5
evadir 39	**explotar** 4	**financiar** 4	verherrlichen
vermeiden; entrinnen	ausbeuten	finanzieren	**gobernar** 9
evaluar 13	**exponer** 34	**fingir** 43	regieren
(ab)schätzen, bewerten	ausstellen	vortäuschen	**granizar** 8
evaporar 4	**exportar** 4	**firmar** 4	hageln
verfliegen, -dunsten	exportieren	unterschreiben	**gratular** 4
evitar 4	**expresar** 4	**florecer** 20	beglückwünschen
(ver)meiden; verhindern	ausdrücken, äußern	blühen, gedeihen	**guardar** 4
evocar 5	**exprimir** 39	**fluctuar** 13	bewachen; bewahren
hervorrufen	auspressen, -quetschen	schwanken, wackeln	**guarecer** 20
exagerar 4	**expropiar** 4	**fluir** 55	bewahren; (be)schützen
übertreiben	enteignen	fließen, strömen	**guarnecer** 20
examinar 4	**expulsar** 4	**formar** 4	(aus)schmücken, gar-
prüfen, untersuchen	vertreiben, -bannen	bilden	nieren
exasperar 4	**extender** 23	**formular** 4	**guiar** 12
zur Verzweiflung bringen	ausbreiten, -strecken	formulieren, abfassen	führen, leiten
exceder 18	**extinguir** 44		

verdunkeln

P

pacer 20
(ab)grasen, -weiden
pagar 6
bezahlen
palidecer 20
erblassen
palpar 4
abtasten, befühlen
parecer 20
scheinen
parquear 4
parken
participar 4
teilnehmen
partir 39
teilen; abreisen
pasar 4
(vorüber)fahren, -gehen;
(über)reichen; verbringen
(Zeit)
pecar 5
sündigen
pedir 48
bestellen; verlangen
peinar 4
kämmen
penar 4
(be)strafen, züchtigen
pender 18
(herunter-; ab)hängen
penetrar 4
durchdringen
pensar 9
denken
pensionar 4
pensionieren
percibir 39
wahrnehmen
percudir 39
abnutzen, beschmutzen
perder 23
verlieren
perdonar 4
verzeihen; begnadigen
perfeccionar 4
vervollkommnen
permanecer 20
bleiben
permitir 39
erlauben

pernoctar 4
übernachten
perpetuar 13
verewigen
perseguir 44,48
verfolgen
perseverar 4
ausharren; beharren
persistir 39
bestehen; an-, fortdauern
persuadir 39
überreden, -zeugen
pertenecer 20
(an)gehören
pervertir 47
verderben; -führen
pesar 4
wiegen
pescar 5
fischen, angeln
picar 5
hacken, stechen
pintar 4
malen, streichen
placer 21
setzen, legen, stellen
planchar 4
bügeln, plätten
planear 4
planen, vorhaben
plant(e)ar 4
pflanzen
plegar 6,9
falten
poder 33
können
poner 34
setzen, legen, stellen
poseer 29
besitzen
posponer 34
nach-, hintan-, zur.setzen
practicar 5
ausüben
precaver 18
vorbeugen, verhüten
preceder 18
voran-, ausgehen
precipitar 4
(hinab)stürzen, -werfen
precisar 4
präzisieren
predecir 57
vorhersagen

predefinir 39
vorbestimmen
predestinar 4
vor(her)bestimmen
predeterminar 4
vorbestimmen
predicar 5
predigen
preferir 47
vorziehen
prefijar 4
vorher festlegen
preguntar 4
fragen
prejuzgar 6
voreilig aburteilen
prendar 4
pfänden
prender 18
nehmen, ergreifen
prenotar 4
vorher an-, vormerken
preocupar 4
beunruhigen
preparar 4
vorbereiten
preponderar 4
überwiegen, vorherrschen
prescribir 39
(part.: prescrito) vor-,
verschreiben
presentar 4
präsentieren, vorstellen
presentir 47
(voraus)ahnen
preservar 4
bewahren, schützen
prestar 4
leihen
presumir 39
annehmen, vermuten
presuponer 34
voraussetzen
pretender 18
beanspruchen; fordern
prevalecer 20
überwiegen
prevenir 59
vorbeugen, vermeiden
prever 37
vorhersehen
privar 4
aberkennen, entziehen
probar 10

versuchen; prüfen
proceder 18
fortschreiten; herrühren
procurar 4
besorgen, verschaffen
prodigar 6
verschwenden
producir 42
produzieren
proferir 47
vorbringen, äußern
profetizar 8
prophezeien
profundizar 8
vertiefen, ergründen
progresar 4
Fortschritte machen
prohibir 39
verbieten
prolongar 6
verlängern
prometer 18
versprechen
promover 24
(be)fördern
promulgar 6
verkünden
pronosticar 5
voraussagen
pronunciar 4
aussprechen
propender 18
hinneigen (zu)
proponer 34
vorschlagen
prorrogar 6
auf-, verschieben
proseguir 44,48
fortfahren, weitermachen
prosperar 4
blühen, gedeihen
proteger 22
(be)schützen
protestar 4
anfechten, protestieren
proveer 29
versehen, -sorgen
provenir 59
herkommen, stammen
provocar 5
hervorrufen, provozieren
publicar 5
veröffentlichen
pulir 39

glätten, polieren
pungir 43
stechen
punir 39
(be)strafen
punzar 8
stechen
purificar 5
reinigen; läutern

Q

quebrar 9
(zer)brechen, -drücken
quedar 4
bleiben
quejarse 4
sich beklagen
querellarse 4
sich streiten
querer 35
wollen, mögen, lieben

R

rabiar 4
wüten, toben
racionar 4
rationieren
radiar 4
senden (Radio); strahlen
radiografiar 12
röntgen
raer 28
(ab)kratzen
raptar 4
entführen, rauben
rasgar 6
auf-, zerreißen
realizar 8
verwirklichen
reblandecer 20
er-, aufweichen
recaer 28
wd.-, zur.-; verfallen (in)
recalentar 9
überhitzen, aufwärmen
recargar 6
überladen
recetar 4
verschreiben
recibir 39
empfangen, erhalten
recluir 55
einschließen

recoger 22
ergreifen
recolectar 4
ernten; einheimsen
recomendar 9
empfehlen
reconvalecer 20
wd. gesund werden
recordar 10
erinnern
recorrer 18
durchlaufen; -sehen
recoser 18
ausbessern, flicken
recostar 10
an-, zur.lehnen
recrear 4
ergötzen
recrecer 20
zunehmen, vergrößern
recriar 12
aufziehen
recrudecer 20
sich verschlimmern
recuperar 4
zur.gewinnen
recurrir 39
sich wenden an
rechazar 8
ab-, zur.weisen
reducir 42
reduzieren
referir 47
erzählen, berichten
reflectar 4
zur.strahlen, widerspie-
geln
reflejar 4
zur.strahlen, widerspie-
geln
refluir 55
zur.fließen
reformar 4
umformen, -gestalten
reforzar 8,10
verstärken
refregar 6,9
(ab)reiben; vorwerfen
refrescar 5
auf-, erfrischen
regalar 4
(be)schenken, -wirten
regañar 4
(aus)schimpfen

regar 6,9
bewässern, gießen
regir 43,48
regieren
registrar 4
registrieren
reglamentar 4
gesetzlich regeln
reglar 4
linieren; regeln
regresar 4
zur.kehren
regular 4
regeln, ordnen
rehabilitar 4
rehabilitieren
reinar 4
regieren, herrschen
reincidir 39
rückfällig werden
reír 50
lachen
relajar 4
erschlaffen; entspannen
relatar 4
erzählen, berichten
relegar 6
verbannen
relevar 4
entlasten
remediar 4
abhelfen
remendar 9
ausbessern, flicken
remitir 39
schicken; überweisen
remover 24
entfernen
renegar 6,9
(wd.holt) ab-, verleugnen
renovar 10
erneuern
rentar 4
einbringen, sich rentieren
renunciar 4
verzichten
reñir 49
ausschelten; sich zanken
reparar 4
reparieren
repartir 39
ver-, austeilen
repeler 18
zur.drängen

repercutir 39
zur.drängen; -prallen;
-wirken, sich auswirken
repetir 8
wd.holen
reposar 4
ruhen
repr(eh)ender 18
rügen, tadeln
representar 4
darstellen
reprimir 39
unterdrücken
reprochar 4
tadeln; vorwerfen
repudiar 4
verstoßen; ablehnen
requebrar 9
zerdrücken
requerir 47
erfordern, auffordern
rescindir 39
aufheben, rückgängig
machen
reservar 4
reservieren
residir 39
wohnen
resi(g)nar 4
abtreten, verzichten
resistir 39
widerstehen
resolver 24
lösen
resonar 10
erklingen, widerhallen
respectar 4
angehen, betreffen
respetar 4
(ver)ehren
respirar 4
(ein-; auf)atmen
responder 18
antworten
restablecer 20
wd.herstellen, in Gang
bringen
restaurar 4
wd.herstellen
restregar 6,9
(ab)reiben
resudar 4
schwitzen
resultar 4

sich ergeben (aus)
resumir 39
  zs.fassen
resurgir 43
  auferstehen
retardar 4
  aufhalten, -schieben
retener 38
  zur.behalten
retraer 27
  zur.ziehen
retroceder 18
  zur.weichen, -treten
revelar 4
  enthüllen; kundtun
revenir 59
  wd. (zur.)kommen
rever 37
  wd.sehen
revisar 4
  durchsehen, nachprüfen
revocar 5
  widerrufen, aufheben
revolver 24
  auf-, durchwühlen
robar 4
  (be)rauben, -stehlen
robustecer 20
  kräftigen, stärken
roer 28
  nagen
rogar 6,10
  bitten, anflehen
rollar 4
  aufrollen, -wickeln
romper 18
  (part.: roto) brechen
roncar 5
  schnarchen

S

saber 36
  wissen, kennen
sacar 5
  herausnehmen, -reißen
sacrificar 5
  opfern
salar 4
  (ein-, ver)salzen
salir 53
  ausgehen
saltar 4
  (über)springen

saludar 4
  (be)grüßen
salvar 4
  retten
sanar 4
  heilen, erlösen
sangrar 4
  bluten
santiguar 7
  segnen, bekreuzen
satisfacer 32
  zufriedenstellen
saturar 4
  sättigen
secar 5
  trocknen
seducir 42
  verführen
segar 6,9
  mähen
seguir 44,48
  folgen
seleccionar 4
  auswählen, selektieren
sembrar 9
  säen
semejar 4
  ähneln
sentenciar 4
  (ver)urteilen
sentir 47
  fühlen
señalar 4
  kennzeichnen
separar 4
  trennen
sepelir 39
  be-, vergraben
sepultar 4
  be-, vergraben
ser 1
  sein
serrar 9
  sägen
servir 48
  dienen
signar 4
  unterschreiben, -zeichnen
significar 5
  bedeuten, -zeichnen
silenciar 4
  verschweigen
simpatizar 8
  mitfühlen

simplificar 5
  vereinfachen
simular 4
  heucheln, vorspiegeln
singlar 4
  segeln
sobrecalentar 9
  überhitzen
sobrecargar 6
  überladen
sobrecoger 22
  überfallen, erschrecken
sobrepasar 4
  überbieten, -treffen
sobresalir 53
  herausragen
sobrestimar 4
  überschätzen, -bewerten
sobrevivir 39
  überleben
socorrer 18
  helfen, unterstützen
sofocar 5
  ersticken
solar 10
  besohlen
soldar 10
  löten, schweißen
solear 4
  sonnen; bleichen
soler 24
  (nur pres., imperf., p.i., p.p., sub.pres.) pflegen
someter 18
  unterwerfen
sonar 10
  klingeln, klingen, ertönen
sonreír 9
  lächeln
soñar 10
  träumen (von)
soportar 4
  stützen, tragen; ertragen
sorprender 18
  überraschen
sosegar 6,9
  beruhigen
sospechar 4
  Verdacht schöpfen, vermuten
sostener 38
  unterstützen
sub → su
subdividir 39

unterteiler
subir
  hinaufbri
subsistir
  (weiter)beste... bleiben
subvenir 59
  beistehen, unterstützen
suceder 18
  nachfolgen (Amt, Würde)
sucumbir 39
  er-, unterliegen
sufrir 39
  leiden, ertragen
sugerir 47
  nahelegen
suicidarse 4
  Selbstmord begehen
sujetar 4
  unterwerfen
sumar 4
  zs.rechnen, addieren
sumergir 43
  untertauchen
superar 4
  überwinden; -treffen
suplicar 5
  bitten, flehen
suplir 39
  ergänzen, vervollständigen
suponer 34
  annehmen; voraussetzen
suprimir 39
  unterdrücken
surgir 43
  erscheinen
su(b)scribir 39
  (part. su(b)scrito) unterschreiben
suspender 18
  (auf)hängen
suspirar 4
  (auf)seufzen
su(b)stituir 55
  ersetzen
su(b)straer 27
  subtrahieren; entziehen

T

tañer 30
  spielen (Instrument)
tapizar 8

Das Verlagsprogramm **Neue Sprachen** umfaßt zur Zeit folgende Grammatikbücher.

➤ **Neue Englische Grammatik**

➤ **Neue Französische Grammatik**

➤ **Neue Spanische Grammatik**

➤ **Neue Italienische Grammatik**

Diese lehrbuchunabhängigen Grammatikbücher zeichnen sich vor allem durch ihren übersichtlichen Aufbau aus. Die Gegenüberstellung von Regeln und Beispielen, die Gegenüberstellung von Sachverhalten in Tabellen, die Zusammenfassung komplexer Sachverhalte in Tabellen und die Erklärung grammatischer Fachausdrücke macht die Grammatik für jedermann leicht verständlich.

	Format	Umfang	ISBN	DM	ÖS	SFr
Englisch	17 x 24 cm	421 Seiten	3-9803483-2-6	49,90	369,--	48,--
Französisch	17 x 24 cm	512 Seiten	3-9803483-1-8	49,90	369,--	48,--
Spanisch	17 x 24 cm	408 Seiten	3-9803483-3-4	49,90	369,--	48,--
Italienisch	17 x 24 cm	509 Seiten	3-9803483-4-2	49,90	369,--	48,--

Das Verlagsprogramm **Software** umfaßt zur Zeit folgende Lernprogramme:

➤ **master trainer** Französisch *Konjugation*

➤ **master trainer** Spanisch *Konjugation*

➤ **master trainer** Italienisch *Konjugation*

Diese lehrbuchunabhängigen Lernprogramme zur Konjugation sind die ideale Ergänzung zum Konjugationsbuch, da sie von Personen aller Lernstufen eingesetzt werden können. Die einfache Handhabung gewährleistet, daß auch Personen, die keine oder nur wenig Erfahrung im Umgang mit Computern haben auf Anhieb problemlos zurechtkommen.

	ISBN Diskette	ISBN CD-Rom	DM	ÖS	SFr
Französisch	3-931104-16-8	3-931104-17-6	55,--	407,--	55,--
Spanisch	3-931104-34-6	3-931104-35-4	55,--	407,--	55,--
Italienisch	3-931104-52-4	3-931104-53-2	55,--	407,--	55,--